U0513447

助力乡村振兴
出版计划

【现代农业科技与管理系列】

# 新时代科技特派员
## 工作指南及案例分析

主　　编　韩立生

副 主 编　王华斌　琚书存　李红兵
　　　　　周广亮

编写人员　徐建鹏　肖世勋　徐　磊
　　　　　王　庆　李晓倩　李　玲

时代出版传媒股份有限公司
安徽科学技术出版社

**图书在版编目(CIP)数据**

新时代科技特派员工作指南及案例分析 / 韩立生著. --合肥:安徽科学技术出版社,2024.1
助力乡村振兴出版计划.现代农业科技与管理系列
ISBN 978-7-5337-8949-7

Ⅰ.①新⋯ Ⅱ.①韩⋯ Ⅲ.①农业科技推广-案例-中国 Ⅳ.①F324.3

中国国家版本馆 CIP 数据核字(2024)第 002172 号

**新时代科技特派员工作指南及案例分析**　　　　　　　　　　主编　韩立生

出 版 人:王筱文　　　　　　选题策划:丁凌云　蒋贤骏　余登兵
责任编辑:李 春 李志成　　责任校对:沙 莹　责任印制:梁东兵
装帧设计:王 艳
出版发行:安徽科学技术出版社　　　http://www.ahstp.net
　　　　　(合肥市政务文化新区翡翠路 1118 号出版传媒广场,邮编:230071)
　　　　　电话:(0551)63533330
印　　制:安徽联众印刷有限公司　　电话:(0551)65661327
(如发现印装质量问题,影响阅读,请与印刷厂商联系调换)

开本:720×1010　1/16　　　印张:8.5　　　字数:110 千
版次:2024 年 1 月第 1 版　　印次:2024 年 1 月第 1 次印刷

ISBN 978-7-5337-8949-7　　　　　　　　　　定价:39.00 元

# 出版说明

　　"助力乡村振兴出版计划"(以下简称"本计划")以习近平新时代中国特色社会主义思想为指导,是在全国脱贫攻坚目标任务完成并向全面推进乡村振兴转进的重要历史时刻,由中共安徽省委宣传部主持实施的一项重点出版项目。

　　本计划以服务乡村振兴事业为出版定位,围绕乡村产业振兴、人才振兴、文化振兴、生态振兴和组织振兴展开,由《现代种植业实用技术》《现代养殖业实用技术》《新型农民职业技能提升》《现代农业科技与管理》《现代乡村社会治理》五个子系列组成,主要内容涵盖特色养殖业和疾病防控技术、特色种植业及病虫害绿色防控技术、集体经济发展、休闲农业和乡村旅游融合发展、新型农业经营主体培育、农村环境生态化治理、农村基层党建等。选题组织力求满足乡村振兴实务需求,编写内容努力做到通俗易懂。

　　本计划的呈现形式是以图书为主的融媒体出版物。图书的主要读者对象是新型农民、县乡村基层干部、"三农"工作者。为扩大传播面、提高传播效率,与图书出版同步,配套制作了部分精品音视频,在每册图书封底放置二维码,供扫码使用,以适应广大农民朋友的移动阅读需求。

　　本计划的编写和出版,代表了当前农业科研成果转化和普及的新进展,凝聚了乡村社会治理研究者和实务者的集体智慧,在此谨向有关单位和个人致以衷心的感谢!

　　虽然我们始终秉持高水平策划、高质量编写的精品出版理念,但因水平所限仍会有诸多不足和错漏之处,敬请广大读者提出宝贵意见和建议,以便修订再版时改正。

# 本册编写说明

科技特派员制度是习近平总书记亲自关怀指导、亲自总结提升的农村工作机制创新。科技特派员制度推行20多年来，坚持人才下沉、科技下乡、服务"三农"，队伍不断壮大，成为党的"三农"政策的宣传队、农业科技的传播者、科技创新创业的领头羊、乡村脱贫致富的带头人，使广大农民有了更多获得感、幸福感。

2019年10月，习近平总书记对科技特派员制度推行20周年作出重要指示："要坚持把科技特派员制度作为科技创新人才服务乡村振兴的重要工作进一步抓实抓好，广大科技特派员要秉持初心，在科技助力脱贫攻坚和乡村振兴中不断作出新的更大的贡献。"2021年3月，习近平总书记在福建省南平市考察时强调："要很好总结科技特派员制度经验，继续加以完善、巩固、坚持；要深入推进科技特派员制度，让广大科技特派员把论文写在田野大地上。"

强国必先强农，农强方能国强。农业农村现代化关键在科技、在人才。加快建设农业强国，需要深入推进科技特派员制度，把技术真正留在乡村，推动现代农业全产业链增值，促进企业增产、农业增效、农民增收、集体增益。

本书全面系统地阐述了科技特派员工作，包括科技特派员、科技特派团、科技特派员工作站、科技特派员创新创业基地、科技特派员管理平台建设、部分省市科技特派员政策等，既可以作为科技及农业管理部门的工具书，也可以作为科技特派员个人及团队的学习资料，还可以作为高校院所及企业等单位的参考用书。

本书力求做到深入浅出、通俗易懂，并列有大量图表，以供参考。本书中的部分图片等资料来源于政府网站，如有标注疏漏，烦请相关作者联系我们。

# 目　录

# 第一章 科技特派员

## 第一节 科技特派员内涵及选派流程

科技特派员是经科技管理部门按程序从高校、科研院所、企业等单位选派后,通过研发转化成果、建设利益共同体等方式,深入农村基层开展科技服务,助力巩固拓展脱贫攻坚成果同乡村振兴有效衔接的科技人员。

### 一 选派条件

(1)坚决贯彻执行党的方针路线,自觉遵守国家法律法规及有关规章制度,作风正派,廉洁奉公。

(2)具有一定的专业技术水平,一般应具有相应业务领域职称,同时有较好的人际协调、组织管理能力。

(3)具有较强的责任心和事业心,热心科技创新工作,能够深入基层一线开展科技服务,且能保障足够的工作时间。

(4)优先从创办领办经济实体或与经济实体开展实质性技术合作的个人和团队中选认。

### 二 服务内容

(1)聚焦当地农业发展的痛点、堵点,研究开发新产品、新技术、新装备、新模式等"四新"科技成果,攻克农业科技发展难题,助力乡村产业

振兴。

(2)提升农户对新技术的接受度,减少技术推广的思想障碍,开展技术咨询、技术辅导活动,帮助农户尽快掌握新"四新"科技成果。

(3)做好科普宣传工作,加强科学技术宣传普及,提高农民的科学素养。

(4)帮助服务对象提炼及实施科技项目,解决生产经营中的技术问题;开展科技成果转化,培育发展优势特色产业等。

## 三 服务模式

(1)开展社会化服务。培育壮大农业社会化服务组织,提炼推广"科技特派员+农业社会化服务组织+农户""科技特派员+企业+农户""科技特派员+一村一品+农户"等服务模式,提升农业科技社会化服务能力与水平。

(2)形成利益联结机制。科技特派员在符合有关规定前提下,可以采取科技成果或知识产权入股、资金入股、技术入股等多种形式,与服务对象结成"风险共担、收益共享"的利益共同体,建立健全利益联结机制,激发科技特派员创新创业活力。

## 四 选派基本流程

科技特派员选派基本流程如下(图1-1):

(1)建立"备选库"。科技特派员个人进行申报,经单位审核后进入"备选库"。

(2)建立"需求库"。科技管理部门摸排乡镇、村、企业等服务对象的科技需求,建立科技特派员"需求库"。

(3)组织对接。服务对象从"备选库"中择优确定科技特派员意向人选;科技管理部门组织科技特派员与服务对象进行对接。

(4)签订协议。科技管理部门组织科技特派员、派出单位、服务对象签订"三方"服务协议。

(5)开展服务。科技特派员依据协议确定目标和任务,开展科技服务。

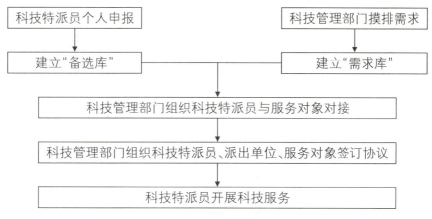

图1-1 科技特派员选派基本流程图

**五 科技特派员职责**

(1)加强农业政策宣传。科技特派员应遵守国家法律法规和有关规定,结合当地科技需求,及时宣传党的"三农"和科技创新政策。

(2)开展全产业链服务。服务功能从生产环节的技术服务,向加工、检测、流通、销售等全链条、全要素服务拓展。

(3)提升当地创新能力。推介科技成果、推动科技成果转移转化,引导当地建设科技创新载体,并协助培养和引进高层次人才。

(4)带领农民增收致富。通过技术入股、资金入股、技术承包或租赁经营等形式,创办领办协办经济实体,与村集体、农户等建立利益联结机制,培育共建利益共同体。

**六 派出单位职责**

(1)支持科技特派员开展科技服务,明确科技特派员服务的具体目标及任务。

(2)为科技特派员提供必要的工作、生活条件,保障科技特派员所需的服务时间。

（3）将科技特派员的工作实绩纳入本单位考核体系，在考核评优过程中予以倾斜，落实相关激励政策，配合科技管理部门做好科技特派员日常管理、考核等。

## 七）入驻单位职责

（1）提出本单位农业农村科技需求，负责入驻科技特派员的工作衔接，并为科技特派员提供良好的工作和生活条件。

（2）协同申报并实施科技特派员项目，促进科技成果转化落地，提高农业劳动生产率、资源利用率，促进产业发展及宜居宜业的和美乡村建设。

（3）配合收集梳理科技特派员服务成效等资料，协助做好科技特派员绩效评价等工作。

## 八）科技管理部门职责

（1）摸排服务对象的科技需求，建立科技特派员"需求库"；组织动员科技人才进行申报，建立充实科技特派员"备选库"。

（2）指导和帮助服务对象从"备选库"中择优确定意向科技特派员，促进科技特派员与服务对象进行对接，组织签订服务协议，指导科技特派员开展服务。

（3）组织开展科技特派员绩效评价、监督管理、培训交流及表彰宣传等工作；负责科技特派员经费预算及落实等工作。

## ▶ 第二节　科技特派员派出单位工作案例

科技特派员制度实施20多年以来，高校、科研院所、企业等各类科技特派员派出单位，深入推进科技特派员制度，积极选派科技特派员、组建科技特派团，对接农业产业需求，提供精准服务，为乡村振兴和农业现代

化发展提供有力的科技和人才支撑。

**案例一：坚持"四个聚焦" 推深做实科技特派员工作——安徽省农业科学院经验做法**

安徽省农业科学院与企业等深入开展产学研对接工作，坚持"四个聚焦"，研发科技成果，共建示范基地，开展技术指导，转化推广了一批新品种、新技术、新装备、新模式等"四新"科技成果，推动了特色产业发展，加快了产业升级，有力地推动了农业发展和乡村振兴。

一是聚焦技术研发攻关，取得一批创新成果。安徽省农业科学院选派的科技特派员与龙头企业、农民合作社等新型经营主体联合实施科研项目，开展技术攻关，获得多项农业科技成果。例如，安徽省农业科学院畜牧兽医研究所研究员赵辉玲，与安徽省义华农牧科技有限公司，通过项目研究和定期科技服务的方式，开展"皖南黄兔"新品种选育并取得重大突破，选育的"皖南黄兔"于2021年通过国家畜禽遗传资源委员会审定，获得畜禽新品种证书。安徽省农业科学院蚕桑研究所副研究员张磊，为安徽百麓实业有限公司引进示范推广食(药)用菌新品种2种(蛹虫草、红托竹荪)，选育红托竹荪新品种3个，开发食(药)用菌精深加工产品5个，为特色农产品产业研发提供技术支持。

二是聚焦示范基地共建，转化一批科技成果。在开展技术服务的同时，科技特派员与服务对象共建试验示范基地191个，示范推广面积达23.54万公顷。例如，安徽省农业科学院作物研究所研究员汪建来与颍上县永祥良种服务有限责任公司，推广自育软质耐赤霉病小麦新品种"荃麦725"及配套技术，成为当地主导品种，推广面积6 666公顷，带动农户增收800万元，同时与酿酒企业、面粉加工企业对接合作，延长产业链，提高经济效益。安徽省农业科学院水稻研究所研究员张培江，与安庆市稼元农业科技有限公司，合作建立示范基地，将自主选育的"徽粳糯115"在当地推广8 800公顷，带动农民增收近2 000万元。

三是聚焦技术指导培训，培养一批技术人才。安徽省农业科学院选派的科技特派员通过现场观摩、技术培训等方式，做给农民看、带着农民干、领着农民赚,不断提升当地乡土科技人才的技术水平和综合素质。例如,安徽省农业科学院蚕桑研究所研究员汪泰初指导蚕桑合作社开展新桑园规划、蚕桑新品种和新技术的示范推广等,举办专题培训班,邀请知名专家到场指导,提升当地农技人员水平,为当地蚕桑种植培养技术人才。安徽省农业科学院烟草研究所研究员王世济,采取理论培训与实践指导相结合的方法,举办"玉米绿色高效栽培技术"培训班,培训和指导农民重点开展玉米良种选择、适期播种、种肥同播等,让农户了解皖北地区玉米高产潜力和高效栽培技术,提高了当地农业科技水平。

四是聚焦服务模式创新,壮大一批特色产业。围绕服务对象所在地的资源禀赋、产业发展状况,安徽省农业科学院创新服务方式,积极服务优势特色产业,强力促进当地经济发展(图1-2)。例如,安徽省农业科学院水产研究所研究员王永杰与舒城富井养殖有限公司,建立"专业合作社+养殖基地+农户"的产业化经营模式,开展黑斑蛙孵化、繁育、经营、利用等,每公顷增收15万元;安徽省农业科学院园艺研究所研究员严从生采取"科技特派员+产业"的发展模式,在石台县七都镇伍村村推广高山蔬菜避雨钢架大棚栽培73.33公顷,年产值2 200余万元。当地农民仅高山辣椒一项,就人均增收5 000元以上。推动当地高山辣椒产业从弱到强、从强到特、从特到优,呈现出就业人员多、种植面积大、产品质量优、销售渠道畅的良好发展态势,带动了农民致富。

图1-2  安徽省农业科学院选派的科技特派员开展技术指导现场

**案例二：当好沙漠科技使者　助力乡村全面振兴——塔里木大学经验做法**

塔里木大学以服务"三农"为出发点和落脚点,动员本校科技人员投身于科技特派员工作,推广先进农业生产技术,根据市场需求提升特色农产品质量,优化农业产业结构,助力南疆特色优势农业产业发展;培养服务新疆的本土人才,择优选派,深入基层,为新疆农业科技发展提供人才支撑;以科技特派员制度为引领,在新疆地区传播先进科技文化,提升群众的思想道德和文化水平;根据新疆生态环境,因地制宜,开展生态环境修复和环境保护,着力提高生态质量,建设美丽乡村。

一是促进特色农业提质增效。塔里木大学以南疆地区少数民族团场、边远团场为主阵地,以特色产业提升为工作目标,选派科技特派员开展科技服务,服务领域涉及设施农业、林果栽培、农产品加工、节水灌溉等农业生产的多个方面。如科技特派员张锐教授组织带领的南疆果树高效种植技术服务中心团队,根据核桃的树势、产量和果实品质的变化,在核桃高产栽培的基础上制定核桃建园技术标准。协助和田墨玉县沙漠绿果园农民合作社和"拼多多"电商平台达成合作,将当地特色农产品销往北京、上海、重庆等50多个大中城市,帮助种植户提升了种植技术和产品质量,带来了可观的经济效益。

二是培育本土农技推广骨干。塔里木大学引导和组织一批掌握先进农业生产技术、真正热爱农村的优秀科技特派员服务乡村。以培养本土青年技术骨干为抓手,促进农业农村人才队伍建设。以"双向选择、按需选派"为导向,实现"百名教师,千名学生"深入基层,抓点带面"树样板"。每年择优选拔相关领域专家组成科技特派员团队,依托农业科技成果示范基地进行农业科技推广工作,通过专家讲座、现场观摩、成果示范、技术指导等形式,为南疆培养出一批具有精湛技术和业务能力的科技带头人和种植养示范户,有效促进了本土农业技术力量的发展壮大(图1-3)。

图1-3 塔里木大学选派的科技特派员开展技术指导现场

三是提高乡村社会文明程度。高校科技特派员兼顾双重使命，既是科技创新服务人员，也是先进思想文化的传播者。塔里木大学充分发挥科技和教育两大平台的引领作用，为南疆地区文化素质较低、学习技术能力较弱的农民开展了一系列乡村科学文化活动。一方面，根据当地农牧民的农业生产和经营需求，实施科技成果转化类和创新创业服务类的科技特派员专项项目。举办"科技下乡""科技攻关""科技之冬"等系列培训讲座，对农民进行科技指导和成果示范。另一方面，结合高校暑期开展的"三下乡"社会实践活动，围绕农村法律法规、非物质文化遗产保护、农村卫生保健等重点问题，加强农民的思想道德和文化建设，助力打造乡风文明、家风良好、民风淳朴的新型乡村。

四是改善乡村生态环境质量。高校科技特派员作为促进乡村生态文明建设的专家智库，为建设生态宜居的美丽乡村出谋划策。例如，塔里木大学协助兵团成立"环塔里木盆地生物资源保护利用"重点实验室，梁继业副教授团队围绕环塔里木盆地南缘荒漠生态环境治理和生态产业关键技术，推广种植生命力强劲的沙漠植物，建立了60多公顷的沙棘林，实现了荒漠生态环境修复和环境保护，促进了特色林果业等荒漠生态产业的形成和发展。此外，科技特派员团队还通过专家讲座和成果展示，提升了塔里木盆地周边群众重视和遏制荒漠化、沙化的意识，为当地生态环境可持续发展贡献力量。

### 案例三：党建引领亚夫科技服务体系建设——江苏省农业科学院经验做法

时代楷模赵亚夫是江苏省农业科技战线上的一面旗帜。江苏省农业科学院高举亚夫科技服务旗帜，以"融入乡村、贴近农民"为目标，以"重心下沉、注重实效"为原则，通过遴选科技特派员、组建亚夫科技服务工作站、实施亚夫科技服务项目，打造"三位一体"的公益性科技服务体系（图1-4）。发挥基层党组织的引领带动作用，打造亚夫科技服务品牌。截至2022年，亚夫科技服务体系已遴选科技特派员120名，建设亚夫科技服务工作站42个，组织实施亚夫科技服务项目118项，建立示范基地206个，技术指导受益人数3.2万余人次，示范推广新品种新技术595个，推广面积超过1 000万亩（1亩≈667平方米），科技支撑全省29个农产品区域公共品牌打造。

一是发挥党建与业务双融合的促进作用。为发挥科技对乡村振兴的支撑作用，弘扬亚夫精神，江苏省农业科学院启动实施了"亚夫科技服务专项"项目，建成了亚夫科技服务体系，直接将科技成果服务于"三农"，解决了科技成果转化"最后一公里"的现实问题。江苏省农业科学院从基层党组织和党员入手，积极与地方基层党组织联建共建，促进党建与业务的双融合。党员积极发挥先锋模范作用，带动了一批专业水平高、服务能力强、能够扎根基层的科技人员积极投身生产一线，促进了产业发展。

二是发挥党建监督选拔科技特派员的作用。江苏省农业科学院探究出一套完整的专职科技特派员队伍建设方法，在科技特派员选拔过程中始终坚持党建的引领、保障、监督等作用，充分尊重科技人员自主申报意愿，择优选拔。专职特派员的最大特点在于驻点帮扶，能进一步推动科技资源下沉，让科技助农由"以我为主"转变为"以农为主"，加强科技特派员与农户和企业的交流，为农业发展打造带不走的专家。不定期组织专家赴各科技服务点开展检查指导活动，重点考核项目实施、地方人才培育、技术培训、党员作用发挥等，确保科技特派员为地方农业科技发

展提供新思路、新内容、新机制、新方法、新举措。

三是发挥党建指导亚夫工作站建设的作用。亚夫科技服务站与地方相关部门以党建为引领,协商制定工作站制度,商定具体工作任务,签订目标任务书。围绕农民增收致富,开展农技人员培训、现场和入户指导、观摩考察、新型职业农民培育等结对帮扶工作;围绕美丽乡村建设,开展规划咨询、产业经济研究、农村文化发掘、一二三产融合发展等科技扶持工作;围绕科技服务新机制,探索科技推广体系、地方农技推广体系和市场化推广体系融合,吸纳产业研究院前沿创新成果,提升亚夫科技服务品牌影响力。

图1-4 党建引领亚夫科技服务体系建设活动现场

### 案例四:创新管理机制推动共同富裕——浙江省亚热带作物研究所经验做法

2003年,科技特派员制度在之江大地生根发芽。浙江省亚热带作物研究所(以下简称"浙江省亚作所")为浙江省内首批科技特派员派出单位,领导班子高度重视特派员工作,把特派员工作放在科技创新工作的重要位置,不断完善科技特派员系列政策,加大财政支持力度。浙江省亚作所持续优化特派员队伍水平,设立特派员专项,实现产学研协同发展,建立示范基地等多种创新平台,推动科技成果进一步转化,不断壮大优势特色产业,助力建设浙江共同富裕示范区。截至2022年底,浙江省

亚作所共派出26批199人次省、市特派员,赴浙江省11个县(市、区)50个乡镇(街道)开展驻点服务,服务于中药材、特色果业、园林花卉和马蹄笋等区域优势特色产业。

一是完善科技特派员管理制度。在科技特派员选派和管理全过程中,浙江省亚作所按照浙江省出台的一揽子科技特派员相关政策,进一步完善科技特派员工作制度,加大支持力度。省级个人科技特派员项目经费标准由5万元/(人·年)提高到10万元/(人·年)。省级科技特派员专项项目视同省级科技项目,根据派驻地路程给予相应补贴,并把承担特派员任务纳入所年度工作考核评优、职称评审、岗位聘任等。所科研管理办公室负责特派员日常管理,指派专人为联络员,确保信息沟通和联络顺畅、管理落实和服务到位。同时所领导每年至少到各派驻乡镇开展联系沟通工作一次,检查基地建设成效,了解特派员表现,并督导工作。

二是优化科技特派员选认机制。浙江省亚作所以"双向选择,精准对接,择优选派"为原则,把懂农业、爱农村、爱农民,作风过硬,具有中级以上职称和专业特长,适合基层工作的优秀科技人员送到农村一线施展才华,使下派人员沉得下、扎得住、用得上。浙江省亚作所现有37名科技特派员和6个省团队特派员,为浙江省农业科学院下属派出特派员最多的研究所。6名正高职称的学科带头人担任团队特派员首席专家。团队有高级职称19人,博硕士27人(占比72.97%)。科技特派员人员结构更加优化,学历和专业水平进一步提升,在农村基层科技服务中既能帮助解决生产中的技术难题,又能结合生产应用反馈促进科研立项研究,推动产学研融合良性发展。

三是设立特派员专项项目。特派员立足于农村产业实际需求开展科技服务,及时和派驻乡镇做好对接交流,取得产业发展面上的第一手资料,走村入户进行现场调研,摸清产业发展现状,了解产业发展制约因素和技术难点、短板等问题,在此基础上设计申报科技特派员专项项目,为特派员开展技术推广、技术培训和示范基地建设提供了有效支撑。以科技特派员专项有效实施作为科技特派员工作着力点和落脚点,建立科

技特派员示范基地,带动村镇特色产业发展壮大。

四是建立特派员创新平台。浙江省亚作所特派员累计建立中药材、马蹄笋、特色水果、花卉苗木、食用菌、林下经济等各类核心科技示范基地面积10.75万亩,培育出国家无公害农产品基地和浙江省森林食品基地、省级现代林业特色产业示范区、省农业科技企业及市级扶贫示范基地等品牌,为农民直接增收3.7亿元。2021年,共1 195人次科技特派员到全省62个乡镇开展现场技术指导活动,建设特色水果、花卉、中药材、食用菌等各类科技示范基地57个,引进新品种、新技术73项(次)(图1-5)。如派驻苍南县岱岭畲族乡科技特派员建立的1 008亩优良柑橘及蜜柑科技示范基地,使富源村从原先的"空壳村"变成年收入50多万元的富裕村,产业的发展壮大带领着山区百姓走出了一条脱贫致富的路子。

图1-5 浙江省亚热带作物研究所选派科技特派员开展技术服务

## ▶ 第三节 科技管理部门工作案例

各地科技管理部门出台了一系列科技特派员管理制度,完善政策体系,通过优化选认方式、凝聚创新要素、搭建创新平台等方式,不断提升科技特派员创新创业的积极性,为促进农民增收、创新产业发展、推进乡

村振兴提供了重要支撑。

**案例一：安徽省——坚持"六抓六促"，助力乡村振兴**

2022年，安徽省各地努力打造科技特派员制度升级版，为助力实施"两强一增"行动、促进乡村全面振兴提供了有力的科技支撑。安徽省选认科技特派员1.6万余名，在全国率先实现省域行政村"一对一"服务全覆盖。全省科技特派员累计领办创办经济实体1 505个，研发转化农业"四新"科技成果6 589个，直接惠及农户34万户，促进企业增收15.8亿元，带动村集体经济增收4.2亿元。

一是抓政策完善，促体制机制创新。安徽省实施《关于进一步完善巩固坚持科技特派员制度的若干措施》和资金、项目等6个配套办法及指引，形成"1+6"政策体系，在体制机制上进行了一系列创新。在科技特派员选认方面，优化选认方式，改"选派"为"选认"，防止"拉郎配"，重点从与新型农业经营主体、行政村等开展合作的科技人员中选认；拓宽选认渠道，打破行业、地域等限制，不拘一格选认科技特派员；丰富选认形式，实现上下（即省、市、县）结合、"土洋"（即乡土人才与外地专家）结合、点面（即单点个体与联动组团）结合。

二是抓重点引领，促"四个一"落细落实。以"四个一"为牵引，进一步拓展深化科技特派员工作。16个市均围绕区域主导或优势特色产业，培育了1个科技特派员服务标杆点；104个县区均立足当地特色产业，培育了1个科技特派员服务样板点；全省建设长期稳定帮扶点突破1 000个；科技特派员人数超过1万名。

三是抓部门协同，促资源要素整合。在省委农村工作领导小组的领导下，成立科技特派员工作办公室，明确运行机制，落实工作职责。省科学技术厅、省教育厅等五部门联合印发大学生科技特派员岗位开发实施方案，选认大学生科技特派员；农业部门发动广大农技人员充实科技特派员力量，协同推进全省科技特派员工作；组织部门大力开展"专家下基层"服务活动，成立专家服务团100个；教育部门发动高校科研人员加入科技特派员队伍,动员组建科技特派团;财政部门统筹安排科技特派员经费,强化资金保障;人社部门完善支持政策,促进科技特派员创新创业;乡村振兴部门指导省乡村振兴重点帮扶县,组建科技特派团,并在脱贫地区成立产业顾问组;林业部门制定实施林业科技特派员服务科技强林行动方案,选认林业科技特派员326名;国资部门入库科技特派员105名、科技特派团21个;供销部门入库科技特派员68名;气象部门入库科技特派员136名,积极承接省科技特派员管理平台建设运行工作;金融部门开发"科特贷"等金融产品,授信601户、24.47亿元;宣传部门大力开展典型案例系列宣传,营造良好氛围;其他各部门也都高度重视,积极推进科技特派员有关工作。

四是抓上下联动,促全省力量凝聚。压实省市县各级责任,充分发挥各地的主动性和创造性。省级实行月调度、季对账制度,及时协调解决问题,推动工作落实。各地结合实际,积极探索创新举措。合肥市组织实施科技强农项目30项,由科技特派员参与实施的占比约50%;淮北市及下辖的县、区均成立了科技特派员工作领导小组,并健全了工作机制;宿州市认定市级科技特派员创新创业示范基地11个,组建市级科技特派团19个;蚌埠市与蚌埠干部学校签订《合作办班协议》,委托开展科技特派员专项培训;阜阳市全年召开调度会、推进会16次,制定措施落实重要回信精神;六安市派驻132名联络员和1 794名专干,实现乡镇科技特派员服务站、村服务点全覆盖;马鞍山市健全科技特派员考核体系,将日常评价与年终评估有效结合;铜陵市及下辖的县、区均出台了科技特派员管理细则;黄山市组织召开全市科技特派员工作现场会,促进比学赶超;池州市出台科技特派员利益共同体备案办法(试行),已备案利益共同体20个;淮南市谢家集区探索科技特派员助力农业生产"大托管",选认21名科技特派员为全区3万亩托管农田提供全程跟踪服务;滁州市来安县累计选认科技特派员挂职担任企业科技副总22人,均与企业结成利益共同体;安庆市迎江区对科技特派员争取的市级以上资金按10%的比例配套支持,对科技特派员参与投资的农业项目给予实际到位投资额

5倍配资;宣城市旌德县成立科技特派员党员先锋队,积极开展"科技服务进万家"活动。

五是抓关键环节,促服务实效提升。突出科技成果转化,新建省级科技特派员工作站115个、创新创业示范基地227个,组织实施省级科技特派员农业物质技术装备"揭榜挂帅"项目13项(图1-6)。融入农村改革发展,与科技部农村中心联合在淮南举办全国科技特派员助力农业"大托管"培训交流会,实现科技特派员全员参训。全省科技特派员已创办领办类似淮南农管家平台(组织)37个。倾斜支持脱贫地区,针对省乡村振兴重点帮扶县增加省级科技特派团指标,由省级科技特派员"一对一"帮扶脱贫村。强化产业链式服务,聚焦区域优势特色产业发展,组建省级科技特派团143个,开展生产、加工、销售等全产业链式服务。

六是抓典型宣传,促环境氛围营造。提炼"科技特派团+企业+行政村+农户"等科技帮扶模式,在国家主流媒体进行宣传报道,显著提高了科技特派员工作影响力。省直多部门联合选树全省优秀科技特派员100名,在电视媒体栏目宣传,并在全省各地广泛宣传典型事迹,引导广大科技人员参与科技特派员工作,在全社会营造了良好的环境氛围。

图1-6 安徽省阜阳市小麦生产基地场景

### 案例二:浙江省——探索县域新模式,取得服务新成效

浙江省县域科技特派员派驻地积极拓展选派渠道,丰富科技特派员

类型,创新选派方式,多途径壮大科技特派员工作队伍,汇聚全国不同区域和不同领域的科技人才,为乡村振兴提供全方位科技服务。加大对科技特派员的经费、项目、保险等支持力度,多措并举留住人才。优化科技特派员管理机制,形成区域战队,打造特色服务模式,满足地区特色产业发展所需的多元化人才需求。激发科技特派员服务"三农"的积极性,使得人才、信息、技术、成果等创新要素在之江大地充分涌流。

一是"精选+优派"实现服务领域全覆盖。磐安县在科技特派员任用上"下足功夫",打破从省、市、县三级选派科技特派员的惯例,把选聘工作向社会推开,从院校、企业多渠道甄选科技特派员。创新推出外聘企业科技特派员与选聘创业型科技特派员两项举措:一方面,聘请科技特派员入驻企业,开展一对一指导;另一方面,聘请来自浙江省农业科学院、浙江省林科院、浙江省中医药大学等单位的科技人员为县级科技特派员,形成了工业、社会事业兼顾的覆盖全社会的科技特派员工作队伍。在创新选派方式上,浙江省各县(市、区)都在进行积极探索。如杭州市富阳区积极选派乡镇工业领域需求的科技人员,着力壮大区域主导产业;宁波市各县(市、区)将科技特派员的选派渠道拓展到长三角地区及全国,选派范围从在职科研人员扩展到退休科技人员和乡土专家;嘉兴市桐乡市新增工业团队,实现服务范围从农业农村向工业领域延伸。通过多种选派方式,会聚和下沉多领域科技人才,提供全方位科技服务。

二是"激励+补助"优化人才留驻"生态圈"。实施科技特派员制度,引入人才,更要留住人才。如泰顺县积极健全"激励+补助"机制,优化人才留驻"生态圈"。温州市泰顺县专门成立科技特派员工作领导小组,定期召开科技特派员工作座谈会,协调解决特色产业发展中存在的"卡脖子"问题。鼓励科技特派员参与重大事项决策研究,优先安排科技特派员工作经费。将科技特派员纳入县"人才新政50条",以奖代补。积极推荐成绩突出的优秀科技特派员参加省市评先评优活动,充分激发科技特派员的工作热情。其他县(市)也不断创新方式方法。如丽水市青田县推行"科技特派员项目保险"制度,降低创新创业风险;湖州市长兴县鼓

励科技特派员通过技术入股、技术承包或租赁经营等形式,与当地企业和农民建立利益共同体;杭州市临安区在科技部门经费中增设科技特派员专项,给予特派员项目经费支持。

三是"联盟+基地"抱团作战形成强引擎。科技特派员制度推行以来,在之江大地上全面开花,亮点纷呈。如衢州市科技局以县域为单位,以地域相近为原则,整合省、市、县科技特派员资源,对不同专业的科技特派员进行灵活编组,在每个县组建东西南北四个片区战队,形成了纵向"省级+市级+县级科技特派员"、横向"科技特派员个人+科技特派员团队"的交叉结构,打造"一人一乡镇""一片一战队""一业一组团"的科技特派员服务模式,为区域的特色产业发展、农旅融合、未来社区建设等多元化需求提供专业互补的多元化服务(图1-7)。

图1-7　浙江省嘉兴市番茄种植基地

**案例三:安徽省六安市——狠下"四个功夫",做到"四个坚持"**

六安市深入贯彻落实省委、省政府关于巩固完善科技特派员制度的相关要求,实施"两强一增"行动,不断巩固完善科技特派员管理制度,在科技特派员选派、创新创业平台、财政和金融支持等方面下功夫,开展形式多样的农村科技创新创业活动,服务"三农"工作和乡村振兴。

一是在机制上下功夫,坚持高起点推进。六安市委、市政府高度重视科技特派员工作,制定一系列管理文件。在全省率先成立市委农村工作领导小组科技特派员工作办公室,顶格推进。设立乡镇科技特派员工

作服务站、村服务点,确定联络员专干,制定相应的工作机制,切实打通科技特派员服务"最后一公里"。

二是在选派上下功夫,坚持高标准配备。以县为单位建立科技特派员"需求库"和"备选库",搭建科技特派员和服务对象精准对接的桥梁,省市县三级科技特派员均已实现"一对一"结对服务全市1 794个行政村。会同人社、教育等部门,选派大学生科技特派员数量位居全省首位。创新科技特派员服务模式,坚持科技特派员单人服务和团队服务协同发力,围绕县区主导特色产业,由高校院所牵头组建28个科技特派团。突出工作成效,督促科技特派团召开启动会、对接服务对象、开展产业调研、制订工作方案,着力解决产业发展中的堵点和卡点。

三是在平台上下功夫,坚持高水平推动。围绕产业链、创新链布局人才链,扎实做好产业和人才结合工作,布局建设一批科技特派员创新创业平台,实施一批科技计划项目,让科技特派员在平台建设和项目实施中挑大梁、唱主角。六安市新增省级科技特派员工作站16家,全市省级科技特派员工作站达到42家,新增数和总数均居全省第一。积极争创省级科技特派员创新创业示范基地14个,会聚高级以上职称专家79人。有序推进科技特派员"四个一"工作,全市共打造市级科技特派员创新创业标杆点1个、县级示范点7个、长期稳定帮扶点229个。鼓励支持科技特派员组织实施科技计划项目,全市科技特派员主持或参与省级科技项目18个,争取省乡村振兴专项项目6个,获财政支持资金585.2万元。全市科技特派员领办创办各类经济实体615个,研发转化应用农业"四新"科技成果298个,建立示范基地279个,集中培训农户58 278户(图1-8)。

四是在服务上下功夫,坚持高质量保障。六安市安排财政资金支持科技特派员工作,主要用于科技特派员创新服务及绩效评价等。运用金融手段支持科技特派员创新创业,推出"科特贷"金融产品,给予30万元至500万元不等的贷款支持。开展科技特派员创新创业绩效评价,发放省级科技特派员工作站奖励资金320万元、市级科技特派员绩效评价奖

励资金338万元。鼓励科技特派员与服务对象结成"风险共担、收益共享"的利益共同体,六安市共有备案利益共同体85个。梳理特派员典型,及时总结、宣传和推广科技特派员在基层一线创新创业的经验做法,营造出科技特派员助力乡村振兴的良好氛围。

图1-8  科技特派员现场指导中药材种植技术

### 案例四:安徽省肥西县——坚持"五个强化"全方位推进科技特派员制度

肥西县科技局积极谋划,坚持"五个强化",全方位推进科技特派员制度,不断提升科技特派员工作水平。科技特派员工作围绕乡村产业振兴,从政策、人才、项目、平台、资金等几个方面全面推进农业科技成果转化。

一是强化顶层设计,健全工作机制。肥西县政府就科技特派员工作、管理、绩效考核等方面制定了一系列政策文件,用于指导特派员工作开展。成立县委农村工作领导小组特派员办公室,定期召开会议,了解工作推进情况,研究解决重大问题。积极发挥领导小组成员单位的积极性和能动性,负责特派员选派、年度考核、项目验收等重点事项。

二是强化分类指导,壮大人才队伍。坚持"双向选择、按需确认、精准对接"的原则,肥西县结合当地农业发展实际和特派员队伍状况,打造"专家类+公益类+创业类+农技服务类"四位一体的科技特派员队伍。针对农业行业技术瓶颈,建立以县外高校、科研院所技术权威和学术带头人组成的专家类特派员队伍,为全县农业科技规划咨询、决策建议和高端培训提供服务。针对农业全产业链技术服务,建立以农业部门业务骨干为主体的公益类特派员服务团队,围绕特色产业基地建设,为全县提供全面的农业技术指导和服务。针对农村地区创新创业,建立以创业类特派员为主体的特派员创业队伍,支持各类技术人才、大学生、县外人才带着技术到农村开展创业服务,创办农业经济实体。从乡镇农技服务机构选派一批特派员与行政村开展结对服务,共覆盖全县村(社区)222个。

三是强化项目实施,促进成果转化。肥西县创新设立"特派员专项",支持鼓励特派员依托派驻的农业企业和农民专业经济合作组织,联合科研院所开展技术攻关,引进新品种新技术,解决技术难题,努力打通农业科技成果在田间地头实现转化的"最后一公里"(图1-9)。通过项目实施有效促进农业企业与大院大所合作,增加农业企业研发投入,解决行业技术难题,大幅提升科技服务能力和水平。

四是强化平台建设,凝聚技术力量。建立以涉农高校院所为创新源头,科技特派团、农业科技园区、特派员工作站、星创天地等为平台载体,新型农业经营主体为基地的农业科技社会化服务体系。组建科技特派团。围绕支持当地苗木花卉产业发展,组建复合型科技特派团。围绕当地蚕桑、水产、农产品深加工等领域,组建6个专业型科技特派团,服务当地特色产业发展。建设特派员工作站。将各类特派员整合组建特派员工作站,发挥团队优势,支持引导特派员工作站围绕区域主导和特色产业,开展科技成果转化、技术培训、人才培养、创业辅导等服务。建设"星创天地",通过打造农业领域的众创空间,为科技特派员和大学生、返乡农民工、农村青年、致富带头人、乡土人才等开展农村科技创业,营造专业化、便捷化的创业环境。加强农业科技园区建设。建设省级和县级农业科技园区,不断增强园区成果转移转化能力。建成园区省级特派员工作站、市级特派员工作站、市级农业首席专家工作室,初步建成了产学研平台、农业产业化经营平台、农业科技教育培训平台。建设省级创新创业示范基地。引导示范基地围绕特色农业提供技术服务,发展特色优势农产品。

　　五是强化财政投入,夯实资金保障。肥西县政府制定并完善特派员政策文件。将特派员专项经费列入每年财政预算,用于保障特派员工作开展,其中对专家类科技特派员工作津贴为每人每年2万元,公益类科技特派员工作补贴为每人每年1.5万元,对创新创业绩效优秀的创业类特派员给予一次性政策奖补5万元。给予"特派员专项"项目经费15万~20万元。给予创新创业示范基地5万元一次性奖励。对于复合型科技特派团,每年给予30万元工作补助,专业型科技特派团每年给予12万元工作补助,并对绩效评估优秀的特派团和特派员分别给予20万元和8万元的奖励。

图1-9　安徽省肥西县苗木繁育基地

# 第二章 科技特派团

## ▶ 第一节　科技特派团内涵及组建流程

科技特派团是完善巩固坚持科技特派员制度的重要举措,是实现科技特派员工作从"单兵作战"向"团队作战"转变的重要抓手,是促进"五链融合"的重要载体,对于推动三次产业高质量协同发展、促进县域创新和乡村振兴具有重要的意义。

### 一　科技特派团的内涵

科技特派团是指围绕某一区域农业农村高质量发展的科技需求,由科技管理部门认定,高校院所、企业等单位牵头组建,以科技特派员团队的形式,开展生产、加工、仓储、运输、金融、管理、法律、财务、营销、知识产权等全域式服务。

### 二　类型及基本条件

依据服务范围、服务对象及服务内容等,科技特派团主要分为复合型科技特派团和专业型科技特派团。

#### 1.复合型科技特派团

(1)牵头单位明确。由科研院所、农业科技园区、大型企业等单位牵头组建,牵头单位及负责人社会信誉良好,无征信、环保等问题,且运营良好,经济社会生态效益明显。

(2)团长综合能力突出。科技特派团实行团长负责制,团长应具备较强的综合协调能力,具有承担实施过省级及以上科技计划项目的经历。团长负责组建科技特派团。

(3)团队结构合理。成员队伍多元化、熟悉产业、经验丰富、相对稳定,能够提供"全域式链式服务",助力新时代乡村全面振兴和农业农村现代化发展。

(4)引领能力较强。能够推动县域主导或特色产业发展,延伸产业链、提升价值链,促进县域经济发展,服务支持和美乡村建设,推动加快村集体经济和农民增收。能够推动市级标杆点、县级样本点、"科技特派员+"示范点建设,切实发挥引领带动作用。

(5)合作分工清晰。牵头单位须与县级政府签订服务合作协议,科技特派团应与服务对象签订具体的服务协议,相互约定服务事项、时限及责任义务等相关要求。

**2.专业型科技特派团**

(1)牵头单位明确。由科研院所、企业等牵头组建,牵头单位及负责人社会信誉良好,无征信、环保等问题,且运营良好,经济社会效益较好。优先支持承担实施过科技计划项目,建有工程技术(研究)中心、企业技术中心、院士工作站等研发机构的单位申报。

(2)团长能力较强。科技特派团实行团长负责制,团长应具备一定的协调能力,具有承担实施过科技计划项目及农业发展项目的经历,并取得良好项目成效。团长负责组建科技特派团。

(3)具有示范基地。具备一定的办公条件,具有生产试验示范基地及研发、检验等服务平台。

(4)服务水平专业。服务主导或特色产业相关企业等经济实体。能够带动科技型中小企业、新型农业经营主体等发展,促进服务对象、村集体经济和农民增收等。

(5)合作分工清晰。牵头单位须与县级科技管理部门签订服务合作协议,约定服务事项、时限及相关要求。科技特派团应与服务对象签订

服务协议。

## 三 职责及服务内容

### 1.复合型科技特派团

(1)遵守国家法律法规和有关规定,宣传党的"三农"和科技创新政策,围绕市、县(市、区)产业全产业链、全域化服务,开展市(县)校(企)战略合作,打造服务县域经济、社会发展的乡土"智库"。

(2)开展科技研发、成果转化和推广服务,从生产环节向加工、检测、流通、销售等全链条服务延伸,解决区域产业发展的"一揽子"科技成果转移转化及产业化问题。

(3)广泛宣传实施科技成果赋权、转化政策,通过技术入股、资金入股、技术承包或租赁经营等形式,创办领办协办经济实体,与村集体、农户等建立利益联结机制,培育建设利益共同体。

(4)开展"科技特派团+"活动,实现科技特派团职能的延伸,聚焦产业升级发展、农村提档升级及农民全面发展等,从产业服务升级为支撑服务现代乡村的全面发展与提升。

### 2.专业型科技特派团

(1)遵守国家法律法规和有关规定,宣传党的"三农"和科技创新政策,充分发挥单位技术资源优势,围绕乡镇(街道)或某一产业的科技需求,开展持续服务。

(2)开展新技术和科技研发、成果转化和推广服务,帮助服务对象指导制订产业发展计划,申报实施科技计划项目、农业发展项目等。

(3)通过采取集中授课、视频互动、现场交流等多种方式,广泛开展农业科普知识宣传和先进实用技术培训,培养"一懂两爱"式乡土人才。推动当地优化种养结构、育强特色产业、打响优势品牌,发展壮大特色产业。

(4)聚焦发展趋势,针对农业特色产业和企业等服务对象的现实科技需求,吸纳社会创新力量,探索和推广特色产业发展模式,推动服务对

象开展创新创业活动。

### 四 组建基本流程

科技特派团组建基本流程如下(图2-1):

(1)建立"备选库"。科技特派团牵头单位进行申报,进入"备选库"。

(2)建立"需求库"。科技管理部门摸排服务对象的科技需求,建立科技特派团"需求库"。

(3)组织对接。服务对象从"备选库"中择优确定意向科技特派团,科技管理部门促进科技特派团与服务对象进行对接。

(4)签订协议。科技管理部门组织科技特派团、服务对象等签订服务协议。

(5)开展服务。科技特派团按照协议要求开展科技服务。

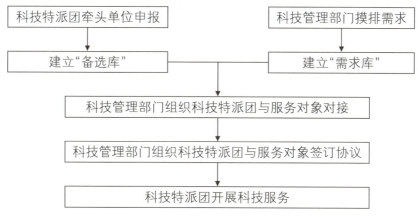

图2-1　科技特派团组建基本流程

### 五 牵头组建单位职责

(1)负责本单位科技特派团的推荐及申报,支持科技特派团深入农村开展创新创业及科技服务,明确科技特派团服务的具体目标及任务。

(2)支持科技特派团开展工作,给予必要的经费保障,组织开展培训交流活动,凝练服务案例及模式,选树单位先进典型。

(3)负责本单位科技特派团项目管理,协助做好科技特派团日常管

理、绩效评价等工作,并将科技特派团工作成效作为年度评优、专业技术职务(职称)评聘和职务晋升的重要参考依据。

### 六 入驻单位职责

(1)提出本单位农业农村科技需求,负责入驻科技特派团的工作衔接,并为科技特派团提供良好的工作和生活条件。

(2)协同申报并实施科技特派团项目,促进科技成果转化落地,提高农业劳动生产率、资源利用率,促进产业发展及宜居宜业的和美乡村建设。

(3)配合收集梳理科技特派团服务成效等资料,协助做好科技特派团绩效评价等工作。

### 七 科技管理部门职责

(1)摸排服务对象的科技需求,建立科技特派团"需求库";组织动员科技特派团牵头单位进行申报,建立充实科技特派团"备选库"。

(2)指导和帮助服务对象从"备选库"中择优确定意向科技特派团,促进科技特派团与服务对象进行对接,组织签订服务协议,指导科技特派团开展服务。

(3)组织开展科技特派团绩效评价、监督管理、培训交流及表彰宣传等工作,负责科技特派团经费预算及落实等工作。

## ▶ 第二节　科技特派团服务案例

科技特派团在深入县域和乡村开展科技创新创业服务中,探索了一些典型做法和成效,也提炼了一批典型模式和案例,为做好科技特派团工作提供了借鉴和参考。

## 一 粮食作物领域

案例一：推深做实"五个一"工作　助力粮食产业提质增效——安徽农业大学庐江粮食科技特派团经验做法

庐江现代粮食产业科技特派团由安徽农业大学牵头组建，针对庐江稻麦周年品种茬口配置不合理、水肥药利用率低、农机农艺农信脱节等问题，引进、筛选推广稻麦优质多抗高产新品种与适应性农机新装备，集成创新推广应用稻麦生产新技术、新模式，开展稻麦生产全过程技术培训和技术服务，打造庐江优质稻麦专用品牌，推动优质专用粮食产业规模化、绿色化、品牌化。

一是组建一个专家团队。围绕粮食全产业链，组建"四体融合"（包括粮食科研、生产、加工、品牌、管理等）专家团队，按照相关分工，明确目标任务并进行细化分解。

二是制定一个产业规划。围绕农业科技现代化先行县共建目标要求，协同庐江县农业农村局编制"十四五"品牌粮食产业发展规划，明确发展目标、重点区域、重点企业和任务分工，进行年度目标任务分解。

三是集成一套技术规范。制定品牌粮食基地建设规范、稻麦生产技术规程、优质专用粮食产品技术标准。针对当前水稻、小麦生产劳动力成本高、产量不高不稳等突出问题，集成"稻麦丰产优质全程机械化生产技术""水稻缓混一次施肥技术""小麦高畦降渍机械化种植技术"等多项绿色生产技术模式，开展技术培训和技术指导。

四是建立一批示范基地。2022年，会同庐江县农业农村局建设了优质专用小麦绿色生产基地4个、水稻绿色高质高效行动千亩方50个、核心试验基地4个和再生稻基地9个，联动建设6个万亩片，粮油项目区总面积31.4万亩，示范带动全县粮食增产增效。

五是解决一批技术难题。针对粮食产业发展品种、装备、模式、信息化等技术瓶颈问题，在皖中综合试验站试验基地进行科技攻关（图2-

2）。集成的"水稻机插缓混一次施肥技术"，实现了水稻全生育期无人化养分管理的重大突破，2020年、2021年连续入选农业农村部十大引领技术。集成的"高畦降渍旋耕施肥开沟一体机播种技术"，自"十三五"以来在庐江示范推广面积10多万亩，平均亩产420.3千克，较全县小麦亩均增产16.9%。

图2-2　安徽农业大学皖中综合实验站

### 案例二：发挥团队技术优势，助力粮食高产增效——辽宁省抚顺市粮食产业科技特派团经验做法

辽宁省抚顺市粮食产业科技特派团由辽宁省农业科学院牵头组建，在抚顺市新宾县主要示范推广了"辽单575"等优新粮食作物品种、间套作生态种养等栽培新技术，建立了玉米等粮食作物新品种展示示范田，并且每年举办技术培训班和田间观摩会，为新宾县培养了一大批乡土技术人才。

一是指导发展玉米药材套种。为新宾县农户等服务对象提供华耕黑糯、浙甜糯2号等鲜食玉米新品种，开展引种示范。根据新宾县木奇镇、南杂木镇实际情况，指导农户套种中药材（白鲜皮、赤芍）。鲜食玉米为中药材提供遮阴的生长环境，中药材生产的灌溉设施为鲜食玉米生产提供水分保障。同时，采取人工除草方式种植中药材，在种植鲜食玉米时避免使用除草剂，做到一举两得。依托禾兴食品加工有限公司发展订单农业，带动农户180多户。

二是指导发展水稻生态种养。为新宾县新宾镇建华家庭农场、新宾县汇禾源家庭农场等新型农业经营主体,提供稻蟹、稻鸭生态种养技术咨询指导,实现了稻蟹、稻鸭双丰收,为打造绿色有机大米品牌奠定了基础。如在新宾县新宾镇建华家庭农场,从蟹种选择、暂养、饲喂,到放养田管理、病害防治、成蟹起捕等全程提供技术服务。同时,依托"辽宁农科服务商城"帮助销售大米,实现了"产后"服务,延长了科技服务链条。

三是指导打造名优产品品牌。采取"特派团+示范基地(农业合作社等)+农户"的模式,开展科技帮扶工作。整合科技特派团项目、农业综合开发项目等,建立科技服务示范基地,为农业合作社等新型农业经营主体提供科技服务技术支撑。召开示范田现场观摩会、推介会等形式,搭建品牌宣传推广平台,打造了一系列名优产品品牌(图2-3)。

图2-3　辽宁省抚顺市粮食产业科技特派团培训会现场

**二 经济作物领域**

**案例一:科技赋能蔬菜产业高质量发展——安徽省颍上县绿色蔬菜产业科技特派团经验做法**

颍上县绿色蔬菜产业科技特派团由安徽农业大学牵头组建,围绕颍上县蔬菜产业(包括食用菌、水生蔬菜)需求,开展蔬菜遗传育种、绿色高效栽培、病虫害绿色防控、蔬菜产业机械化信息化、采后贮运保鲜、市场营销等全产业链条服务。

一是开展科技试验示范。开展科技试验示范,解决颍上县绿色蔬菜全产业链高质量发展面临的品种更新慢、设施土壤连作障碍、化肥农药超量使用等导致的蔬菜产品安全隐患。例如,在半岗镇绿泉农业合作社的莲藕种植基地,引进"鄂莲五号"莲藕品种,示范推广"莲藕+小龙虾"高效种养结合模式,实现亩产值7 600元,纯利润4 000元以上。同时开展子藕、孙藕初加工成藕片、藕段,销往广州等地,年销量在3 000吨以上,实现新增产值150万元。

二是提供创业服务指导。科技特派团在帮扶中不仅注重在创业服务中推广科技成果,还注重将科技成果转化为实际生产力。例如,在南诏镇颍上县十里生态农业科技有限公司,组建大学生返乡创业团,开展企业规划、品种选择、种植管理、产品认证、订单销售"五统一"模式,帮助当地企业和农民实现增收增效,推动产业转型升级。在红星镇吴寨村示范推广"大棚酥瓜单蔓-双层-六瓜轻整枝栽培方法",实现亩产值达2万元,帮助当地企业和农民实现科技成果的经济价值。

三是创新科技帮扶模式。通过探索创新"特派团+产业联盟(特色站)+科技小院+特派员"等工作方式,形成了"特派团帮扶颍上县蔬果产业,县域产业聚集颍上蔬菜企业,企业链接蔬菜种植大户,种植大户带动农户"的可复制、可推广的帮扶工作模式(图2-4)。既实现了科技支撑产业发展壮大、四新科技成果转化和产业结构调整升级的帮扶目标,也扶持带动了颍上县十里生态农业科技有限公司及红星镇吴寨村等脱贫村,实现乡村全面振兴。

图2-4　科技特派员在颍上县开展蔬菜种植技术指导

### 案例二：小桑蚕 大产业——辽宁省岫岩柞蚕产业科技特派团经验做法

辽宁省岫岩柞蚕产业科技特派团由鞍山市岫岩县科学技术协会牵头组建，因地制宜采取了灵活多样的工作服务模式，积极开展示范基地建设，采取技术培训、现场指导、发放资料、网络平台相结合的技术示范推广模式，普及先进的柞蚕生产新技术，推广新成果，帮助脱贫户，成功解决岫岩县柞蚕产业发展所面临的问题。

一是传播科学种养理念。在发展高效生态放养柞蚕的基础上，提出"多维立体"柞蚕产业发展新理念，建立柞园生物资源高效生态循环利用新模式，探索柞园生物资源利用与增收新途径，延伸拉长产业链，推进当地绿色生态柞蚕产业可持续发展。在发展柞蚕生产的同时注重生态宜居的美丽乡村建设，积极向农户倡导生态宜居的科学发展新理念，注重生态放养柞蚕，控制柞蚕食叶程度、减免化学农药使用，发展更优质、更安全、更健康的高品质柞蚕茧生产，切实提高农民收入，壮大农村经济实力，培训一批可为乡村振兴提供内生动力、掌握产业发展新技术的新型蚕农。

二是精心开展技术指导。科技特派团将自身在柞蚕新品种、柞蚕病虫害防控、柞园生态建设及柞蚕轻简高效放养等方面的技术优势与项目区地理、气候、资源优势相结合，将建设示范基地与技术培训、现场指导、发放资料相结合，普及先进的柞蚕生产新技术，通过微信工作群等技术信息咨询服务平台，及时了解掌握生产中出现的问题。做到养蚕"乡有技术负责人、村有技术带头人、家有明白人"，使广大蚕农充分了解并掌握柞蚕生产管理新理念新技术。通过建设示范基地等，积极示范推广应用新成果，展现新品种、新技术的实用性与优越性，以点带片、以片带面，辐射带动周边地区柞蚕产业同步发展。

三是指导实现安全生产。积极深入岫岩县杨家堡镇松树秧村开展技术培训，到农户家里了解技术需求，从暖卵、卵面消毒、小蚕保育、柞蚕饰腹寄蝇病等多个生产关键环节进行现场技术指导，将柞蚕放养相关新

技术及时送到农户手中。在项目区新建新品种(图2-5)、新技术示范基地4个,与10个新增柞蚕养殖合作社签订科技帮扶协议,示范面积2万余亩,推广面积超过50万亩,为当地柞蚕生产提供了坚实的技术支撑。

图2-5　科技特派员繁育的岫岩柞蚕

**案例三:科技"妙笔"绘就"生花"产业美景——辽宁省阜蒙花生产业科技特派团经验做法**

阜新市阜蒙县花生产业科技特派团由辽宁省农业科学院牵头组建,通过花生新品种培育及配套栽培技术研究工作的推广,服务于阜蒙县、阜新市乃至辽宁省花生产业的发展。在科技助力下,阜蒙县已成为全国花生生产大县,为辽宁省花生产业发展做出了突出贡献。

一是提供多重渠道科技服务,提升农户科学意识。加大花生新品种新技术示范与推广,先后选育了白沙1016、阜花10号、阜花11号、冀花4号等品种,并开发食用出口型阜花12号、高油酸型阜花22等品种。科技特派团与地方政府紧密合作,指导做大做实花生产业基地,在阜蒙县12个乡镇建立20个示范基地,合计1万亩,辐射面积20万亩。

二是促进上下协同多方联动,共推花生产业发展。一方面,科技扶持阜花花生种植合作社,打造高油酸花生品牌。长期选派2名科技特派员扶持阜花花生专业种植合作社,帮助引进高油酸花生新品种,解决农民生产中遇到的实际问题。另一方面,强化科企合作,增加产品附加值,解决就业,增加农民收入。如与阜新鲁花浓香花生油有限公司合作,在阜蒙县建立高油酸花生良种示范基地,为公司提供优质花生原料,促进

企业增收和农民致富。

三是落实科技助力帮扶工作,巩固脱贫有效成果。扶持种植大户,发挥以点带面的科技示范引领作用。同时,扶持本地企业发展壮大,解决当地农民就业,如指导阜新蒙古族自治县鑫奇经贸有限公司、阜新银豆食品有限公司等开展科技研发,开发新产品,采取"特派团+企业+基地+农户"等模式,进行帮扶,实现了农民增收、企业增效。

图2-6　科技特派员在阜蒙县进行测量试验

**案例四:发挥智力资源优势　助推农业优质高效——陕西省子洲县中药材产业科技特派团经验做法**

陕西省榆林市子洲县中药材产业科技特派团,针对子洲县中药材产业发展的技术瓶颈问题,开展全过程技术培训和技术服务,促进了当地中药材产业的发展。

一是开展技术服务。聚焦全县"果药并举、全域羊子"产业发展格局,按照当地中长期产业发展规划和农户技术需求,组织科技特派团进村入户传技术、搞服务,以田间地头为教学阵地,开展山地苹果病虫害防护、中药材精细化种植、绒山羊畜牧养殖管护等技术指导,并采用电话、微信等方式,进行"点对点"技术指导和"一对一"精准帮扶。截至2022年底,累计开展现场指导34期,培训指导4 250余人次,解决各类种植养技术咨询和问题2 000余次。

二是促进产业升级。由科技特派团围绕子洲黄芪、山地苹果等重点产业,采取"一对一""一对多"的方式,梳理产业发展短板,摸清服务需求,开展定向服务。对接陕西天芪生物科技有限公司、淮宁湾现代农业园区等重点企业,累计研发黄芪茶、黄芪咖啡粉、黄芪酒等11个系列50多种产品,引进秦蜜、维纳斯黄金等苹果新品种85个,培育待审定新品种3个,并建成子洲县50亩道地药材良种选育基地和2 000亩山地苹果种植示范基地。

三是培育本土人才。借助科技特派团智力资源,帮带培育本土实用人才,通过专题讲座、现场讲解、示范服务、带动参与等方式,为全县乡村技术人员、致富能手、青年农民传授技术知识,着力培养一批心系农村、情系农业的"土专家""田秀才"。目前,累计培育乡村技能人才600余名、高素质农民270余名,帮带培训致富带头人540余人次,全县乡土实用人才总量由2021年前的2 000余人发展到3 192人。

图2-7 陕西省子洲县中药材产业生产场景

## 案例五:开展新式服务 提升服务水平——宁夏回族自治区西吉县现代农业科技特派团经验做法

宁夏回族自治区固原市西吉县科技特派团由宁夏回族自治区科学技术厅牵头组建,通过开展"特派团+特派员+本土人才"式服务,帮助本土人才不断提高综合服务能力,推动现代化农业生产应用。

一是从传统产业到绿色农业。联合自治区内外高校、科研院所、科

技型企业,在推广成熟科技成果的同时,开展多学科、产学研协同创新和全产业链技术攻关,在良种繁育、土壤改良、旱作节水、新型肥药、疫病防控、绿色生态种养等方面,攻克一批制约当地农业产业发展的关键技术。科技特派团指导或联合当地科技特派员申报自治区科技特派员创业服务项目,提升传统产业,培育新兴产业,发展高效生态农业。

二是从单兵作战到组团服务。聚焦人才引进培养、服务模式拓展,推行"组团式"科技服务。按照每个帮扶产业组帮带5～10名本地技术人员、每名技术人员带动10～20名技术骨干的形式,开展"特派团+特派员+本土人才"式服务,帮助本土人才不断提高综合服务能力。科技特派团以农业重点产业、特色产业和农村生态环保治理等为重点,通过专题讲座、现场讲解、示范服务、带动参与等方式,对本土农技人员、科技特派员等开展针对性技术培训。精准对接产业技术发展需求,每年深入不少于60%的行政村,针对广大农民开展技术培训。

三是从科研为主到成果转化。在实施科技扶贫东西协作行动中,聚焦马铃薯、小杂粮等五个产业发展关键技术瓶颈,发挥科技特派团作用,组织专家开展科技成果示范转化。其中,小杂粮产业重点示范转化"渗水地膜波浪式机穴播"技术,通过实施这项科技成果,近三年累计推广超过30万亩,促进农户增收3亿元,核心示范区小杂粮亩产最高纪录达713.1千克,创宁夏历史之最(图2-8)。

图2-8　西吉马铃薯迎来丰收季

### 三 畜禽领域

**案例一:科学引导家禽养殖 助力科技成果有效转化——辽宁省黑山县家禽产业科技特派团经验做法**

辽宁省锦州市黑山县家禽产业科技特派团通过对黑山县养殖技术的培训和指导,转变了黑山县家禽饲养模式,使得蛋鸡养殖结构走向规模化、专业化,促进了家禽健康养殖和可持续发展(图2-9)。

一是规范生产,建立标准化养殖体系。为提高黑山县家禽产业的蛋鸡存栏量,实现黑山县家禽产业的标准化和规范化发展,科技特派团注重加强对黑山县家禽产业规划工作指导。科技特派团指导黑山县按照统一标准体系进行建设和管理,建设标准化养殖区、无规定疫病区、无公害绿色生产区,实现专业化、规模化、集约化,引导规模养殖户建设标准化家禽养殖区,促进养殖区的建设,实现标准化和规范化生产。

二是加强防控,制定科学化免疫程序。针对黑山县饲养分散、养殖户缺乏疫病防控技术等问题,科技特派团结合当地实际,提供相应解决方案。如对种鸡场、商品蛋鸡场和商品肉鸡场等不同性质的鸡场,通过抽检鸡群抗体滴度,结合临床和免疫情况,进行综合分析,确定大肠杆菌病、新城疫、禽流感和传染性支气管炎是当地危害养禽业最主要的传染病。根据检测结果,制定出科学的免疫程序,家禽成活率得到了显著提高。

图2-9 黑山县蛋鸡生产基地

三是培育优品,创建高端化家禽品牌。指导黑山县农家养鸡专业合作社建设运营褐壳蛋鸡产业星创天地,通过科技示范、企业孵化、创业培训、经验交流、产品宣传、品牌推介等,培养了一批新型农业经营主体,促进褐壳蛋鸡产业发展。先后建立线下服务平台4个、电商平台1个、品牌商标1个。推广硒应用技术、产蛋鸡换羽技术和蛋鸡无抗养殖等12项新成果新技术,提高了蛋鸡的产量和禽蛋产品的质量,打造了知名品牌。

## 案例二:优化畜禽种质资源 防范营养疾病风险——辽宁省锦州市龙城区畜禽产业科技特派团经验做法

辽宁省锦州市龙城区畜禽产业科技特派团由锦州医科大学牵头组建,组织开展畜禽遗传育种、营养饲料和疾病控制等技术攻关,深入企业、农村开展猪、家禽、牛、羊养殖的一对一技术指导服务,促进了当地畜禽产业健康发展。

一是选育优质品种,造福养殖农户。近年来,科技特派团选育了系列新品种。如"锦医大1号"土鸡,在保留了原有品种的优良特质的基础上,提高了产蛋性能,特别适合农户在房前屋后的山坡林地和庭院养殖,肉质及蛋品质营养价值高、风味独特,销售价格高。先后指导当地养殖"锦医大1号"鸡雏5万余只,帮扶2 000多户养殖户增收致富(图2-10)。

二是开展科技攻关,提升养殖水平。科技特派团先后承担国家自然科学基金和星火计划重点项目,辽宁省博士启动基金、自然科学基金、科技攻关等项目,创制了仔猪营养性腹泻的基因突变分子遗传育种检测方法,开发出控制腹泻的中草药饲料添加剂、益生菌饲料添加剂、中草药活性菌发酵饲料等产品,提高了养殖行业水平。

三是推广科技成果,打造专业团队。组建面向猪、家禽、牛羊和特种经济动物养殖的培训队伍,组织编写养猪技术、家禽饲养技术、牛羊生产技术等技术手册,针对养殖户开展针对性技术培训和指导,提高其养殖技术水平,带动了养殖户增收致富,受到广泛好评。

图 2-10　锦州市龙城区蛋鸡养殖基地

## （四）水产领域

**案例一：创新特派服务模式　坚守生态环境可持续性——安徽省宣城市宣州区特色水产产业科技特派团经验做法**

安徽省宣城市宣州区特色水产产业科技特派团由安徽农业大学牵头组建，以新品种、新技术、新模式、新装备"四新"科技成果转化为抓手，在当地开展技术指导、培训、示范带动，提高农户收入，促进村集体经济增收，引领宣州区水产业高质量发展，助推乡村振兴。

一是明确目标，合理分工。科技特派团针对宣州水产目前需要解决的问题，安排技术对口的专家，提出解决问题的思路、对策、实施方案和目标任务。依据宣州水产现状，将团队分为河蟹品种选育与大规格苗种培育、河蟹营养价值与肌肉品质提升、水质监测调控与大水面生态健康养殖、尾水处理等四个方向。

二是创新模式，合作示范。在帮扶工作中主要创新了中华绒螯蟹新品种选育、河蟹营养价值与肌肉品质提升、稻渔综合种养新模式研发等三个模式。在中华绒螯蟹新品种选育方面，围绕成蟹生长速度、苗种性早熟率、苗种及成蟹个体规格等，开展中华绒螯蟹新品种选育工作。在河蟹营养价值与肌肉品质提升方面，利用精准的营养调控手段，优化河

蟹饲料配方、开发功能性饲料添加剂,优选生长性能、肌肉品质、营养价值全面提升的河蟹品种,实现河蟹养殖的提质增效(图2-11)。在稻渔综合种养新模式研发方面,开展"稻田-扣蟹"共作技术研发及转化,利用稻田将大眼幼体培育成优质扣蟹,同时收获优质稻谷,确保粮食安全。

三是加强培训,产学结合。针对宣州区不同乡镇不同名优水产养殖现状,创新"特派团+特色试验站+科技小院"服务模式。采取分类指导培训、团队成员驻点、塘口田间现场培训、远程在线指导等方式,先后为40多家企业、合作社等提供技术指导,年技术培训近1 000人次。

图2-11  科技特派员在宣州区开展螃蟹养殖技术培训

## 案例二:科技助力产业融合  "冷水鱼"成就"热产业"——辽宁省本溪市冷水鱼产业科技特派团经验做法

辽宁省本溪市冷水鱼产业科技特派团由辽宁省农业科学院牵头组建,以技术为切入点,引导扶持养殖合作社、龙头企业、家庭农场开展优质特色冷水鱼养殖,让冷水鱼成为辽宁的热产业(图2-12)。

一是引进新品种,扩大农户收益。随着市场走俏,养殖户日益增多,养殖业逐渐从利润高、鱼病少、订单多走向利润越来越微薄。加之鱼病影响,当地的虹鳟养殖产业出现了一系列问题。针对这些问题,科技特派团引进了野性尚存的哲罗鱼进行示范推广,率先在本溪县草河掌镇和小市镇扶持冷水鱼养殖合作社和养殖户,开展了冷水鱼的新品种示范、

新技术指导。

二是开创新局面,丰富养殖鱼种。科技特派团引进哲罗鱼,发放给本溪地区养殖户进行试养后,从鱼卵孵化、苗种培育到成鱼养殖,面对面、手把手地传授新品种的养殖技术。在科技特派团的帮扶下,当地形成了哲罗鱼繁育、苗种自给自足、商品鱼售卖的冷水鱼产业链,并以本溪繁殖为核心点,辐射辽宁多地,开创了辽宁省商品鱼养殖产业化的新局面,累计增产5 374吨,经济效益达3.2亿元。

三是发展新业态,打造特色小镇。科技特派团通过采取"核心示范基地+核心示范户+养殖户"三级体系的示范推广模式,充分发挥核心示范户的引领和带动作用,使本溪冷水鱼养殖结构得到调整,夯实了乡村振兴工作。如指导本溪市南芬区下马塘街道太平山村,发展集养殖、垂钓、民宿、餐饮、观光于一体的休闲渔业,使得太平山村成了远近闻名的特色村庄。

图2-12　本溪市冷水鱼养殖基地

### 案例三:为渔业发展"把脉问诊"开良方——贵州省松桃县渔业科技特派团经验做法

贵州省铜仁市松桃苗族自治县渔业科技特派团指导松桃县因地制宜发展生态渔业产业,建成冷水鱼驯养繁殖基地等22个基地,培育水产养殖企业、农村专业合作社28家,促进了产业发展。

一是提出技术方案。产业要实现绿色可持续发展,处理好养殖尾水是关键。科技特派团在松桃吉光农业发展有限责任公司渔业养殖基地实地调研后,针对该公司发展中面临的难点痛点,从高温期鲟鱼饲养应对策略、苗种选育、养殖密度等方面,提出了一系列技术解决方案。

二是健全帮扶机制。科技特派团从发展规划、科技服务、人才培养、产业招商、品牌建设、产业链延伸等方面,全面支持松桃渔业发展(图2-13)。科技特派团结合松桃生猪、牧草、油茶、特色淡水鱼4个产业发展需求,建立了科技帮扶联系机制,确定了每名专家服务的农村专业合作社及企业,并制定目标任务及工作计划,为不断丰富乡村经济业态、拓展农民增收空间、培育乡村发展新动能贡献力量。

三是创新服务模式。科技特派团在松桃县积极探索服务模式,先后探索形成"特派团+公司+基地+农村专业合作社+农户""特派团+村级集体经济+养殖农户"等服务模式,带动50余个农村专业合作社自营或以资产资金入股合营,培育个体养殖户超2 000户。

图2-13 科技特派员在松桃县繁育淡水鱼新品种

# 第三章 科技特派员工作站

## ▶ 第一节 科技特派员工作站及组建流程

科技特派员工作站,是科技特派员扎根基层、服务农村的重要平台载体。建设好科技特派员工作站,能够为科技特派员开展科技服务提供重要支撑。

### 一 建设目的

科技特派员工作站(简称"工作站")的组建与备案,旨在聚集和整合优势科技资源,健全科技服务体系,加快科技成果转化,带动新型农业经营主体发展,壮大村集体经济,促进农民增收。

### 二 基本条件

(1)依托单位注册并具有独立法人资格的企事业单位(一般成立1年以上),以及高校和科研院所等,具有良好的产学研合作基础,有较强的技术支撑能力。

(2)依托单位具有若干科技特派员入站工作。

(3)工作站具有完善的工作运行机制,能够围绕区域特色产业发展,开展科技研发及推广转化等服务。

## 三 建设任务

（1）开展研发攻关。围绕当地特色产业发展的科技需求，深化与高校和科研院所等产学研合作，开展共性技术研发攻关，解决一批技术瓶颈问题。

（2）集成示范技术。开展技术集成创新，形成一批适用的技术成果包，实施新品种、新技术、新模式、新装备"四新"科技成果转化行动，加快科技成果转移转化。

（3）开展技术指导。针对新型农业经营主体、农户等，开展长期稳定的技术培训和指导，提高种植养技术水平。

（4）助力产业振兴。培育发展特色产业，通过产业园区、企业、新型农业经营主体、能人大户等带动，壮大村集体经济，促进农民持续增收，助力乡村产业振兴。

## 四 组建流程

科技特派员工作站组建基本流程如下（图3-1）：

（1）科技管理部门在职权范围内，发布科技特派员工作站申报通知，明确申报要求等。

（2）符合条件的单位，向所在地科技管理部门进行申报。

（3）所在地科技管理部门针对申报的科技特派员工作站，审核申报材料，逐一现场核实，在职责范围内择优予以认定，并向上一级科技管理部门推荐。

```
┌──────────────────────────────────────┐
│  科技管理部门在职权范围内发布申报通知  │
└──────────────────────────────────────┘
                    │
┌──────────────────────────────────────┐
│  符合条件的单位向所在地科技管理部门申报  │
└──────────────────────────────────────┘
                    │
┌──────────────────────────────────────┐
│  当地科技管理部门在职权范围内审核、认定，择优向  │
│      上一级科技管理部门推荐            │
└──────────────────────────────────────┘
```

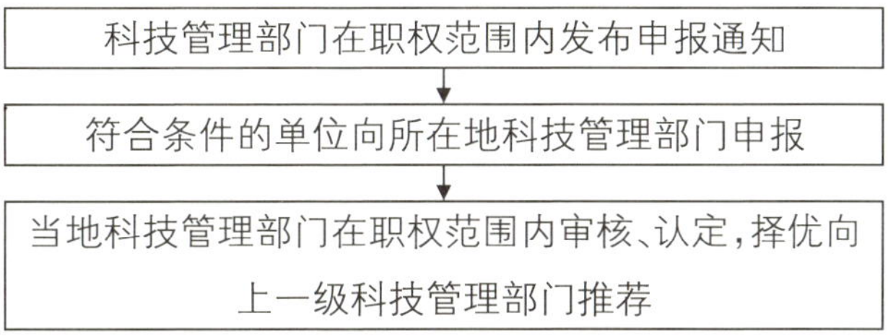

图3-1　科技特派员工作站组建基本流程图

### 五 依托单位职责

（1）依托单位能够提供固定的办公场地，具备开展应用技术研究及成果转化的条件，且提供一定的经费保障。

（2）依托单位与工作站责任明晰，规章制度完善，工作目标明确，岗位职责清晰，服务流程规范。

（3）依托单位应明确科技特派员服务的具体目标任务，并为其提供必要的工作、生活条件，配合做好科技特派员实绩评价等工作。

（4）依托单位能够围绕区域特色产业发展，为科技特派员工作站开展科技研发及推广转化等服务提供便利条件。

### 六 科技管理部门职责

科技管理部门针对辖区内的科技特派员工作站，组织开展绩效评估，也可委托项目管理专业机构或归口管理单位实施。评估结果分为优秀、良好、合格和不合格，并依据绩效择优给予奖补，连续2次考核不合格的取消备案资格。

## ▶ 第二节　科技特派员工作站服务案例

科技特派员工作站是科技特派员开展服务的坚实堡垒，自建设以来，为支撑乡村特色产业差异化、多元化发展谋求答案。科技特派员工作站为科技助力脱贫攻坚和乡村振兴做出了重大贡献，涌现出了一批批生动的案例。

**一 粮食作物领域**

**案例一：加快成果转化 发展特色产业——安徽省芜湖市青弋江种业科技特派员工作站经验做法**

安徽省芜湖市青弋江种业科技特派员工作站,依托安徽省芜湖市青弋江种业有限公司组建。工作站充分发挥聚集优势科技资源,加快科技成果转化,带动新型农业经营主体发展,促进农民增收等作用,帮助服务对象制订发展规划、实施科技项目,促进当地产业发展。

一是以科技计划项目为抓手,开展科研攻关。工作站围绕紫云英特色产业发展的科技需求,深化与高校和科研院所等的产学研合作,积极申报芜湖市科技计划项目,2021—2022年实施芜湖市核心技术攻关项目及重点研发项目3项。

二是以农作物新品种为重点,加快成果转化。工作站致力于开展水稻、紫云英技术集成创新,同时积极引进水稻新品种。2021年选育并通过国家审定水稻新品种1个,通过安徽省审定水稻新品种2个,通过安徽省鉴定登记紫云英新品种1个,引进水稻新品种1个;2022年通过国家审定水稻新品种1个,通过安徽省审定水稻新品种3个;2021年获得植物新品种权保护水稻新品种1个,2022年获得植物新品种权保护水稻新品种3个。

三是以科技特派员为主力,加强技术指导。工作站在2021年7月至2022年12月,共计开展农业技术培训32场、技术指导活动154次,开展创业辅导培训4场(图3-2)。累计技术指导及培训服务500人次,创业辅导150人次,为农业生产的发展和增收提供技术支持。

四是以农业示范基地为依托,助力产业振兴。工作站建立了核心示范基地600余亩,稳定的紫云英原、良种繁育基地6万亩,水稻种子繁育基地1.5万亩。年生产和推广紫云英种子2 800余吨,种植面积180万亩,每年为农民增加收益1.5亿元以上。年销售推广水稻种子4 000吨,推广面积1 000万亩,常规早籼稻种子已覆盖安徽省所有早籼稻种植区。

图3-2　科技特派员在工作站开展育秧培训

**案例二：科技赋能青稞产业良性发展——青海省贵南县002号科技特派员工作站经验做法**

青海省海南藏族自治州贵南县002号科技特派员工作站，依托青海省贵南草业开发有限责任公司组建。工作站多措并举，推动贵南县青稞产业良性发展，实现了每亩产量提升、每亩效益增加、种植面积扩展。

一是引进优良品种，提高种植效益。工作站引进了青稞昆仑系列新品种，如"昆仑14号"，直接提高了产量，亩产达到501.5千克，为当地历史上的最高产量。同时工作站还是青海互助天佑德青稞酒股份有限公司的原料生产基地，每年输出容重大于750克/升的青稞原粮6 000吨，用于天佑德品牌青稞酒的酿造。

二是科企紧密协同，促进成果转化。青海大学农业科学院研制的新品种"昆仑16号"，通过工作站推广到生产一线，很好地把"育繁推"结合起来。通过种业"育繁推"一体化组织实施方式，将科研单位和生产单位的优势均发挥出来，打通了科技成果转化"最后一公里"，获得了较好的收益。

三是科技助力发展，引领乡村振兴。自青海贵南草业开发有限责任公司建设工作站以来，依托工作站，得到了高校科研院所的技术支持。"昆仑14号"相较于之前示范推广的青稞品种"福8"，每亩新增效益39元，累计新增效益1 131万元，极大地提升了青稞种植效益。通过繁育示

范青稞新品种"昆仑16号",种植推广面积54公顷,亩均增产30千克,新增经济效益13.22万元,进一步推动了贵南县青稞产业良性发展(图3-3)。

图3-3　青海省贵南县青稞种植基地

**案例三:汇聚优势资源力量　打造乡村产业样板——重庆市石柱县中药产业科技特派员工作站经验做法**

重庆市石柱县中药产业科技特派员工作站,由重庆市农业科学院牵头组建。工作站立足于洗新乡保合村高山地理优势,因地制宜研发、引进、推广优良动植物新品种,建成150亩黄金玉米试验示范基地,带动全村发展高山蔬菜产业5 000余亩,养殖生猪、土黄牛等1 000余头,取得了显著的经济效益和社会效益。

一是技术资金支持,打造高产量示范基地。近年来,多数村民外出务工,导致保合村撂荒现象严重。工作站在深入调研基础上,通过送"技"下乡和资金支持,先后选育出适宜该村种植的"渝单722""渝单821"等硬质黄金玉米品种,指导建设了150亩试验示范基地,亩产量达到560.5千克。

二是多方专家会聚,打造受欢迎的黄金玉米。工作站会聚了来自西南大学、重庆市三峡农业科学院等单位的专家,研发出颗粒饱满、色泽金黄且具有抗病能力强、抗倒伏、耐高温、适应性强等特点的黄金玉米。黄金玉米属于玉米新品种之一,含有大量的蛋白质、脂肪、维生素、膳食纤维,深受市场欢迎。

三是持续开展培训,打造本土化种养产业。工作站在保合村通过持续开展农业产业种植培训和畜禽养殖培训,提高了广大群众的种植、养殖技术和发展产业的积极性,带动全村每年因地制宜发展烤烟、黄连以及辣椒、洋芋、红薯等高山蔬菜产业共5 000余亩,养殖生猪、土黄牛等共1 000余头,取得了较为显著的经济效益和社会效益(图3-4)。

图3-4 石柱县村民们正对蔬菜打包装车

### 案例四:建设标准化体系 实现高质量服务——安徽喜洋洋职业农民创新创业科技特派员工作站经验做法

安徽喜洋洋职业农民创新创业科技特派员工作站,依托安徽喜洋洋农业科技有限公司组建,于2018年入选第三批安徽省省级科技特派员工作站。工作站常态化组织开展技术培训、现场观摩等活动,提升了当地1 500多位农民的种植水平。工作站积极参与绿色水稻生产与服务标准化体系建设,参与、主导制定国家标准4项、省级标准2项、市级标准4项。

一是组建科技特派员团队,开展农业技术培训。喜洋洋科技特派员工作站积极与安徽农业大学、中国科学技术大学、安徽省农业科学院等高校及科研院所进行产学研合作,组建农业科技特派员专家团队。团队编写了专业性、针对性很强的水稻种植《农事指南》,用于指导农户种植育种。专家团队及时解答农民遇到的技术难题,通过召开双创培训会、技术培训会、现场观摩会等,对农户进行集中培训,平均每年开展现场教学5次,惠及本地农民1 500多人次,打通了农业科技服务"最后一公里"。

二是打造种植示范区样板,引领农民创新创业。按照"做给农民看,带着农民干"的服务思路,工作站在庐江台创园打造适度规模全程机械化、生产标准化、全程可追溯、高度集成现代农业前沿实用技术的优质水稻核心示范区。喜洋洋示范种植基地将每200~500亩划分为一个单元,按照"我投资,你种田,有效益,共分钱"的无风险保底模式,"招募种植能手,划分责任田块,指导专业种植",打造"工作站+龙头企业+职业农民(家庭农场)"创业就业新模式,形成以统为主、统分结合的农业生产经营新思路(图3-5)。

三是建立农业标准化体系,促进科技成果转化。喜洋洋科技特派员工作站积极围绕水稻全产业链的关键环节开展标准方法的研究与应用,制定、完善现有农业标准化体系,参与制定国家标准4项、行业标准2项,主导制定省级标准2项、市级标准4项,初步建立起绿色水稻生产与服务的标准化体系。同时工作站加快农业新品种、新装备、新技术的研发应用推广,工作站在精准农业关键技术集成及数字化管理平台开发与应用方面取得了较大进展。农机作业调度系统、水稻机育机插、大田物联网、农产品质量追溯、测配施一体化智能配肥、数字植保技术、功能性农业等均走在同行业前列。

图3-5 种植户正在进行人工去杂田间管理作业

## 二 经济作物领域

**案例一:加快产业转型 促进共同致富——安徽省祁门县祥源祁红茶业科技特派员工作站经验做法**

黄山市祁门县祥源祁红茶业科技特派员工作站依托安徽省祁门县祁红茶业有限公司组建。立足祁门县祁红茶叶产业资源,工作站创新经营方式,实现了生产、加工、销售一条龙。大力发展高效生态农业,打造出一条新型的绿色食品加工与休闲、观光产业链,实现产业转型升级,带动农户共同致富。

一是制订长效机制,保障运营。设立了科技特派员专项资金,用于科技特派员技术示范推广和重点项目引进,保障科技特派员技术培训、能力提升、表彰奖励和服务改善等。结合祁红特色产业发展需要和工作站专业优势,建立了长效的培训机制,定期举办专业知识讲座、现场观摩会,不断完善专业技术人员知识体系。2022年,科技特派工作站共组织专题培训10余次,培训各类专业技术人员和当地农户500余人次,培育新型技术人才12人,进一步提升了当地现代农业操作技术水平和管理水平。

二是成立联合体,共抓产业发展。工作站牵头成立了祥源祁红现代农业产业化联合体,目前拥有成员15家,其中,省级龙头企业1家、合作社4家、家庭农场10家。联合体制定了《祥源祁红现代农业产业化联合体章程》和《祥源祁红现代农业产业化联合体建设方案》,成员单位之间订立《祥源祁红现代农业产业化联合体总合同》。采用"工作站+龙头企业+合作社+家庭农场+农业大户"的经营方式,建立起紧密的利益联结机制。2019年,祥源祁红现代农业产业化联合体被认定为安徽省示范联合体单位。截至2022年底,工作站累计帮扶脱贫户50余户。

三是推动茶旅融合,提高品牌辐射。深入挖掘祁红和非遗技艺传承的文化内涵,建立了将种植生产、参观体验、文化展示、旅游观光、学习观摩融为一体的祥源祁红产业文化博览园,全面展示祁红文化,重点宣传祁红系列产品。博览园被认定为国家 AAAA 级旅游景区,是安徽省科普教育基地、中小学生研学基地、质量品牌教育基地(图3-6)。博览园自建成开放以来,已累计接待国内外游客、学者、专家15万余人次。

图3-6　祁门县祥源祁红茶业科技特派员工作站示范基地

## 案例二:守住青山绿水　发展果桑产业——安徽省定远县山清水秀果桑产业科技特派员工作站经验做法

山清水秀果桑产业科技特派员工作站依托定远县山清水秀农业科技发展服务公司组建,产学研合作单位为安徽省农业科学院蚕桑研究所。工作站针对定远县江淮分水岭地区的气候特征及果桑种植中出现的菌核病发病严重、干旱等特殊情况,研制了果桑露天栽培技术体系和设施栽培技术。引进、筛选、种质创制,选择了适宜栽培的"长果桑""桑梓1号"等优良果桑品种,建设了约600亩的果桑扶贫基地、苗圃基地。精心打造乡村旅游(研学游)基地,果桑基地年接待旅游者超过1 500人次。

一是强化研发攻关。依托安徽省农业科学院药食同源植物分子生物学与食药功能团队,开展了桑果酒酿造工艺、桑果干真空冷冻干燥技术等研究,研发了生态葚酒(复合型桑果酒)、桑叶代用茶、冷冻桑果干、桑果白兰地等果桑系列精深加工产品,开发了桑果干、干桑叶、桑枝切片、桑白皮等果桑中药。拉长产业链、拓展功能链、提升价值链,提高了产品附加值和市场竞争力,夯实企业发展的基础,为果桑产业发展注入了活力。

二是开展技术培训。开展果桑园区管理技术培训,采用集中授课、田间授课50余人次,重点培训树型养成技术、菌核病防治技术、棚栽技术、肥水管理技术、果桑富硒技术、果桑精深加工技术等,培训取得良好成效(图3-7)。当地菌核病发病率由最初的60%以上降至1%,提高了桑果产量和品质,提升了果桑产业效益。

三是注重利益联结。通过聘用技术人员、基地劳务或提供品种、技术帮助脱贫户种植并回收产品的方式,助力脱贫户增收致富,建立起"工作站+企业+基地+合作社(家庭农场)+脱贫户"的帮扶模式。解决30户脱贫户就业问题,户均增加收入5000元。

图3-7 定远县山清水秀果桑产业科技特派员工作站开展科技下乡活动

## 三 畜禽领域

**案例一:加大科技服务 壮大肉羊产业——安徽省固镇县肉羊产业科技特派员工作站经验做法**

固镇县肉羊产业科技特派员工作站,依托安徽省争华羊业集团有限公司组建。工作站成立以来,共建成湖羊养殖扶贫基地5.18万平方米,总饲养量达28万头。此外,通过打造湖羊品牌,提升产业知名度与附加值,实现固镇湖羊产业规模化、品牌化发展。一系列举措帮助17个村脱贫、1 734户农户收入提高。

一是提升科技力量。依托科技特派员工作站技术力量,安徽省争华羊业集团有限公司与安徽科技学院等深化产学研合作，联合实施科技计划项目，选育肉羊新品种，并加大了对湖羊产业的规模化、产业化、标准化建设投入，提升产业档次和产品价值，获批蚌埠市3221创新团队，融入安徽省牛羊产业研发"115"创新团队。同时，依托工作站，成立固镇县肉羊产业服务中心，进一步示范转化科技成果。

二是注重帮扶农户。工作站利用光伏棚架改造成100个湖羊标准养殖棚，面积5.18万平方米，建成固镇县湖羊养殖基地，通过秸秆饲料产业化，推进企业发展肉羊精细化养殖、规模化生产，总饲养量达28万头，直接带动周边17个脱贫村发展肉羊产业（图3-8）。在精准帮扶的基础上，形成秸秆饲料加工、湖羊育肥、羊粪肥及羊肉分割加工等"循环生态养殖一体化"的全产业链发展模式，打造了安徽省湖羊养殖标准化示范区。

图3-8　固镇县肉羊产业科技特派员工作站出栏的肉羊

## 案例二：建设示范基地　提升帮扶力度——安徽省合肥市白山羊产业科技特派员工作站经验做法

安徽白山羊产业科技特派员工作站，依托合肥博大牧业科技开发有限责任公司组建。在多地建立白山羊养殖示范基地，并多次开展创业交流，提升了周边养殖户的养殖积极性，带动了周边肉羊养殖产业及相关产业发展。通过与养殖场开展合作、雇佣周边农户、租赁土地等方式，拓宽周边农户收入渠道，使多户脱贫户受益。

一是建设示范基地。在合肥、六安、铜陵等地建立了3个良种与繁育相配套的安徽白山羊养殖示范基地,开展技术培训指导,累计培训人员300余人,提升了周边养殖户的养殖技术水平。工作站以地方羊(安徽白山羊,图3-9)养殖技术为基础,向合肥市及周边地区推广,服务多家企业主体,服务新型农业经营主体5个,带动周边地区发展肉羊养殖产业及相关产业。

二是拓展帮扶思路。通过羊养殖技术服务、提供就业务工岗位及土地租赁等方式,帮扶脱贫户增收致富。合作增收模式:与包公镇大黄村、大塘村和王铁村多家养殖场开展合作,开展山羊养殖、农产品收购,采取统一管理、统一回收等措施确保村集体收益。带动增收模式:采取"工作站+合作社+基地+农户"模式,强化对农户技术指导,带动农户增收致富,带动养殖户每户增收3 000元以上。劳务增收模式:在日常用工基础上,季节性雇佣临时用工人员20余人,带动户均增收5 000元。租金增收模式:流转土地支付租赁费帮助脱贫户增收,流转土地40亩,每年支付租赁费1.4万余元。

图3-9　白山羊产业发展科技特派员工作站引进繁育的白山羊

### (四) 水产领域

案例一:围绕主导产业　发展生态农业——福建省顺昌县双溪街道科技特派员工作站经验做法

双溪街道科技特派员工作站,服务顺昌县玉山家庭农场等新型农业经营主体。工作站围绕富硒稻、优质水稻等当地主导产业,做强做大做优富硒米、葡萄、食用菌加工等特色农业产业,提升农产品品质,强化品牌建设和营销。以玉山家庭农场为纽带,带动全村126户478人从事富硒稻、优质水稻种植。发展以富硒米为主导,绿色生态农业生产加工销售一体化的新溪兰富硒田园综合体。

一是开展示范推广。2022年初,玉山农场进行"稻渔综合种养"试验,春季试种"荃优596""美香占2号""钻两优莉晶丝""忠两优鄂丰丝苗""爽两优132"等品种优质稻100亩,同时放养"稻花鱼苗"8 000尾。科技特派员按田间生长情况把示范片分为一、二、三类田,从每类田中随机各取一田块进行实割测产。经现场测产,优质稻"荃优596"品种亩产560千克,"稻花鱼"亩产28.8千克,在农业部门专家和科技特派员帮助下,实现了粮食丰产和"稻花鱼"增产双丰收(图3-10)。

二是完善帮扶模式。通过"工作站+农场+农户"的模式,采用"统一土地流转、统一技术指导、统一分户栽培、统一市场销售"的运营方式,联农助农,带动农户种植,吸纳12户脱贫户参与农场务工。双溪街道科技特派员与玉山家庭农场结成利益共同体,依时令季节对农场做好技术指导和线上营销,统筹协调机插、机收、机防等全过程,提高农机化综合服务,做好统防统治,实现示范田单产全提升。工作站还积极探索开发富硒竹笋、富硒蔬菜、富硒水果等系列富硒农产品,大力发展绿色产业,铺就乡村振兴致富路。

图3-10　南平市顺昌县"稻渔综合种养"项目测产现场

**案例二：深化对点服务　促进增收致富——安徽省全椒县虾鳖生态养殖科技特派员工作站经验做法**

滁州市全椒县虾鳖生态养殖科技特派员工作站,依托全椒县花溪湖特种水产专业合作社组建。工作站具有养殖水面2 400余亩,从事水产虾和甲鱼生态健康养殖,年销售额2 000万元以上,是农业部第12批健康养殖示范场(图3-11)。采用"工作站+合作社+农户"方式开展虾鳖的生态养殖,集成生态养殖技术,并对虾鳖生态养殖技术进行推广,能够促进合作社及农户增收致富,巩固脱贫攻坚成果,致力乡村振兴。

一是开展对点服务,助力脱贫事业。服务脱贫村:合作社以劳务聘用的方式积极吸收脱贫户,每年劳务支出10万元以上。服务家庭农场:与襄水情家庭农场签订了免费提供服务协议,指导养殖罗氏虾25亩,实现年增18万余元。服务脱贫户:采取"工作站+基地+农户"模式,与脱贫户签订收购订单,保证其生产的产品具有稳定的销售渠道,并提供产前、产中和产后的技术指导服务。

二是建立帮扶机制,实现长效发展。建立与脱贫村的帮扶及服务机制:主要以"上门送技术"和"上门送服务"的方式来建立利益联结机制,开展技术培训,培养潜在的帮扶和服务对象。建立与新型农业经营主体的帮扶及服务机制:签订免费提供服务协议,开展细致深入的技术指导服务,包括产前、产中和产后方方面面的实地技术指导。建立与防止返贫动态监测对象的帮扶及服务机制:对于易返贫对象,除签订免费提供服务协议、开展技术指导外,还须签订养殖服务及回收合同,保障其生产

图3-11　全椒县综合种养基地

产品的收益。

### 案例三:创新服务模式　助力乡村振兴——安徽省六安市鳜鱼套养河蟹高效养殖科技特派员工作站经验做法

鳜鱼套养河蟹高效养殖科技特派员工作站,依托六安市森宏生态农业有限公司组建。工作站整合科技资源,为当地脱贫户、家庭农场等提供先进的养殖技术培训,逐步形成"工作站+公司+技术服务+基地+农户"的新型科技服务模式。截至2022年6月,工作站带动散养农户200余户,帮扶脱贫户10户。

一是强化技术示范推广。工作站通过开展各类服务,提升了自身产品的市场竞争力,增加了农户收入,形成双赢局面。订单保护型:工作站通过以订单合同约定的保护价收购农户的农产品。这种联结机制的建立,在一定程度上解决了农户农产品"卖出难"的问题,降低了市场风险,同时公司的产品产量也得到了基本保障。合作服务型:公司介入农户的生产过程,在这种模式下,工作站发挥在渔业养殖尤其是鳜鱼养殖方面的自身优势,牵头自建双溪合作社,出台优惠政策吸引广大农户加入,向其提供产前、产中、产后一条龙服务。

二是探索特色帮扶模式。工作站在指导和服务村、新型农业经营主体和脱贫户时,探索了"基地+合作社+农户"的特色发展模式,已在六安市金安区双河镇雨淋岗村和双河镇邬桥村应用示范。与雨淋岗村签订农村土地承包经营合同,主要养殖黄白鲢、草鱼、鲫鱼等混养鱼种,年产量18万千克。与邬桥村签订农村土地承包经营合同,进行水产养殖,其中鳜鱼(图3-12)年产量4万千克,河蟹年产量1万千克,剩余为混合鱼种(黄白鲢、草鱼、鲫鱼)养殖,年产量28.5万千克。

图3-12　桂鱼,学名鳜鱼,又名鲈桂

## 第一节 科技特派员创新创业基地(星创天地)内涵及组建流程

科技特派员创新创业基地(星创天地),是科技特派员扎根基层、服务农村的重要平台载体。建设好科技特派员创新创业基地(星创天地),能够为科技特派员在基层创新创业提供重要支撑。

### 一 建设目的

科技特派员创新创业基地(星创天地)的组建,旨在为科技特派员(团)领办创办经济实体或与服务对象结成利益共同体提供技术集成、成果转化、融资孵化等保障,引领带动新型农业经营主体,推动一二三产业融合发展,助力乡村产业振兴。

### 二 基本条件

(1)基地(星创天地)运营主体一般应为辖区内注册且经营3年以上,由科技特派员(团)领办创办协办或服务的科研单位、企业等法人实体,具备一定产业规模,经济效益良好。

(2)基地(星创天地)运营主体管理制度和财务制度规范,运营管理和专业服务能力较强,对促进县域经济发展和乡村振兴效益明显。基地功能设计合理,且有较强的防灾抗灾能力。

(3)基地(星创天地)应具有若干高级以上职称科技特派员,具有相关领域知识产权,能够开展"四新"成果研发转化,创新产值明显高于本区域同行业。

(4)基地(星创天地)不局限于一产领域,二、三产业均可。基地运营主体应围绕市、县特色产业发展,制定基地发展规划和实施方案,服务企业以及带动和美乡村精品示范村、脱贫村等。支持依托基地建设市级标杆点、县级样本点、"科技特派员+"示范点等。

## 三 建设任务

(1)集聚创新人才。以专业化服务吸引和集聚科技创新创业群体。鼓励高校、科研院所、企业的科技人员和管理人员发挥专长,依托基地开展创新创业服务。

(2)技术集成示范。形成一批适用的技术成果包,实施新品种、新技术、新模式、新装备"四新"科技成果转化行动。线上线下结合,推进"互联网+"和"科技特派员+",加快科技成果转化。

(3)创业辅导培训。梳理各级政府部门出台的创新创业扶持政策,开展网络培训、授课培训、田间培训,召开现场会和专题培训会,举办创新创业沙龙、创业大讲堂等,为县域经济发展和乡村振兴培育乡土科技人才。

(4)科技金融服务。开展各类投资洽谈活动,搭建投资者与创业者的对接平台。探索利用互联网金融、股权众筹融资等盘活社会金融资源,加大对基地(星创天地)的支持。

(5)强化利益联结。与乡镇、村集体经济及合作社等结成利益共同体,健全收益分配机制,促进科技成果转化和产业化。

## 四 组建程序

科技特派员创新创业基地(星创天地)组建基本流程如下(图4-1):

(1)科技管理部门在职权范围内,发布科技特派员创新创业基地申报通知,明确申报要求等。

（2）由符合条件的单位，向所在地科技管理部门进行申报。

（3）所在地科技管理部门针对申报的科技特派员创新创业基地，审核申报材料，逐一现场核实，在职责范围内择优予以认定，并向上一级科技管理部门推荐。

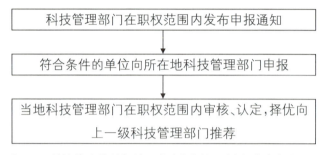

图4-1　科技特派员创新创业基地（星创天地）组建基本流程图

## 五　依托单位职责

（1）依托单位能够提供固定的办公场地，具备开展科技成果转化、创业辅导培训、科技金融服务等条件，且能够提供一定的经费保障。

（2）依托单位与基地（星创天地）责任明晰，规章制度完善，工作目标明确，岗位职责清晰，工作流程规范。

（3）依托单位应制定基地（星创天地）发展规划，明确年度具体目标任务，配合做好基地（星创天地）绩效评价等工作。

## 六　科技管理部门职责

科技管理部门针对辖区内的基地（星创天地），组织开展绩效评估，也可委托项目管理专业机构或归口管理单位实施，评估结果为优秀、良好、合格和不合格，并依据绩效择优给予奖补。对连续2次考核不合格的，取消备案资格。

## ▶ 第二节　科技特派员创新创业基地(星创天地)服务案例

### 一　粮食作物领域

**案例一:抓实高产攻关　提升粮食产能——安徽省太和县小麦产业科技特派员创新创业基地经验做法**

安徽省太和县小麦产业科技特派员创新创业基地,依托太和县淙祥现代农业种植专业合作社组建,主要从事粮食作物丰产优质高效技术研究及展示推广(图4-2)。基地沟渠路桥井等田间基础设施齐备,良种覆盖率100%、农机作业率100%、科技贡献率达到75%以上。在基地实施的小麦、大豆、玉米三大作物高产攻关屡破安徽省纪录,亩产分别稳定在700千克、200千克、1 000千克以上。尤其是小麦品种"皖垦麦22"亩产超过800千克,大豆品种"皖豆37"曾创造了安徽省大豆大面积实收高产纪录,高抗粮饲兼用玉米新品种"庐玉9105"连年测产均实现了亩产籽粒破吨的目标。

一是集聚人才,做好技术储备。基地与安徽省农业科学院、阜阳市农业科学院等单位开展技术合作,引进"皖垦麦22""皖豆37""庐玉9105"等小麦、大豆、玉米系列新品种,培育出具有自主知识产权的"太丰8号""太丰3号"小麦新品种和"太丰6号"高蛋白大豆新品种,储备一批适应黄淮地区的新品种、新技术。

二是做好示范,培养技术骨干。基地先后承担国家、省、市农业科研推广试验示范项目,累计推广农业科技"四新"成果近200项,出色完成了近百项国家级和省级农业科技攻关协作项目,采用"带领农民干,做给农民看"的方式,让农民客观看到每个品种、技术的真实表现。通过现场会及线上的方式开展技术培训观摩,为当地培养了一批种田能手和技术

骨干。

三是加强联结,带动增收致富。基地依托的合作社拥有耕地1 230亩、托管土地2 000亩,入股社员403户816人,固定资产600余万元。在给予农民承包土地费用的同时,还在农场和合作社提供工作岗位,让农民走上致富之路。积极推动"小田变大田",发挥规模效益,基地所在行政村的7 000多亩耕地已经规模化流转给种粮大户5 000多亩,粮食产量和效益逐年提升。

图4-2　安徽省太和县小麦产业科技特派员创新创业基地正门

### 案例二:做好"三头三尾"增值大文章——安徽省宿州市埇桥区优质鲜食玉米产业科技特派员创新创业基地经验做法

安徽省宿州市埇桥区优质鲜食玉米产业科技特派员创新创业基地,依托宿州市创新生态农业科技有限公司组建。基地直接技术服务行政村3个、企业4个、家庭农场2个,有效促进了宿州市鲜食玉米产业链"粮头食尾""畜头肉尾""农头工尾"增值。

一是做好"粮头食尾"文章。基地以安徽省农业科学院选育的黑糯鲜食玉米新品种"珍珠糯28"等为示范品种,在埇桥区涣光村开展配套栽培技术示范与推广。集中连片种植面积500余亩,一年可种两季,亩产值超过5 000元,相较于原来的一年种植一季小麦和一季大豆,种植黑糯鲜食玉米亩产值可翻倍。通过示范引领带动,促进了当地鲜食玉米产业发展,满足了市场鲜食玉米的消费需求。

二是做好"畜头肉尾"文章。基地与当地工业园区内的奶牛养殖企业合作,将鲜食玉米秸秆等窖藏成青贮饲料,有效衔接了种植末端消费,形成了鲜食玉米绿色种养循环农业"秸秆变肉""秸秆变奶"发展模式,既优化了资源利用,也减少了环境污染。

三是做好"农头工尾"文章。基地采用"基地+龙头企业+农户"的生产经营模式,生产加工的真空包装鲜食玉米穗和速冻玉米穗,在天猫、京东、拼多多及社区平台较为畅销。2022年,基地种植鲜食玉米2 000亩,建成加工生产线2条,仓储面积达5.6万平方米,实现了鲜食玉米精深加工,延长了产业链,提高了附加值(图4-3)。

图4-3　安徽省宿州市埇桥区优质鲜食玉米产业科技特派员创新创业基地机械收获现场

## 案例三:让"羊肥小米""肥"起来——山西省长治市小米产业科技特派员创新创业基地经验做法

山西省长治市小米产业科技特派员创新创业示范基地,依托山西太行沃土农业产品有限公司组建(图4-4)。基地开拓以"羊肥小米"为主的杂粮市场,开发以"山西菜系"为主的"小米宴",让小米以餐饮文化的形式走向全国。截至2022年底,基地有机谷子示范种植面积达到2万亩,绿色有机种植面积达到8万亩,"羊肥小米"品质不断提升、内涵不断丰富,"羊肥小米"产业成为当地乡村振兴的支柱产业,让当地村民"钱袋子"鼓起来。

一是利用"羊肥小米"资源禀赋。基地采用"基地+公司+农户+标准化+品牌"的产业化经营模式,坚持抓科研、上项目、塑品牌、拓市场的发展战略,配备有年产1万吨的全自动小米加工生产线,并在武乡县上司乡、丰州镇、韩北乡等6个乡镇,开展标准化种植示范,带动农户5 000余户,户均年增收7 000多元。

二是提高"羊肥小米"品牌知名度。基地与京东集团合作,打造山西首家"羊肥小米"京东农场,通过"国家有机旱作羊肥小米产业发展标准化示范区"认定,带动了"武乡小米"区域公共品牌建设,参与申报"武乡小米"地理标志产品,连续4年成功举办"武乡小米"春播节、开镰节活动。先后获得中国小米产业发展大会组委会"年度小米产业突出贡献奖"、长治市"全市脱贫攻坚贡献奖",入选国务院扶贫办、人民日报社第三届中国消费扶贫优秀案例。

三是提升"羊肥小米"品牌附加值。基地启动"百谷园——有机旱作农业公园"项目建设,满足科研、休闲、农教、拓展的需要,创造更多的就业岗位,让农民实现农副产品地头成交,推动产业多样化与乡村振兴有机结合发展,真正打造成一二三产业融合发展的现代化转型企业,成为乡村振兴的排头兵。

图4-4 山西省长治市小米产业科技特派员创新创业基地

## (二) 经济作物领域

案例一:架起瓜菜富民的"桥梁"——安徽省江淮园艺长丰现代农业科技特派员创新创业基地经验做法

安徽省江淮园艺长丰现代农业科技特派员创新创业基地,依托安徽江淮园艺种业股份有限公司组建。基地打造了"罗塘脆酥香瓜""九里贝贝南瓜""吴山奶油南瓜"等地域特色品牌,孵化了第三方分子检测机构"安徽农研检验检测中心",年检测样本量达2万份,直接带动从事相关一二三产的企业、专业技术合作社、家庭农场、种植户200多家。2022年,推广果蔬重点新品种13个,推广面积1.2万亩,带动农户增收达1731万元(图4-5)。

一是当好成果应用的"推广者"。发挥基地专家熟悉主导产业需求和科技成果的优势,积极开展新技术、新成果的转化推广,借力高校、科研院所资源,攻克产业发展急需的关键共性技术难题,做到研究接地气、成果惠民生,真正把科技成果留在乡村、留在产业、留在农民最需要的地方。

二是当好经营理念的"传播者"。基地重视增强农民的市场意识、创业意识和致富本领。入驻的科技特派员,不仅在技术方面开展田间讲解、地头培训,也在经营理念上进行"一对一、一帮一"的精准帮扶,帮助农民了解产业前景、行情和产业发展趋势,学会经营的基本逻辑思维,实现"培育一人、致富一家、带动一片",取得了良好的效果。

三是当好利益联结的"带动者"。基地坚持以联系互动促发展,以技术和资金入股、承包土地、订单回收等方式,与村集体、专业大户、农民专业合作社等签订合同,建设风险共担、利益共享的利益共同体,既加快了基地发展,也促进了当地乡村产业价值链延伸。

图4-5　安徽省江淮园艺长丰现代农业科技特派员创新创业基地

### 案例二："土特产"获新机——安徽省铜陵市义安区白姜产业科技特派员创新创业基地经验做法

安徽省铜陵市义安区白姜产业科技特派员创新创业基地,依托铜陵富饶绿园有限责任公司组建。基地位于铜陵市义安区天门镇,属于铜陵白姜核心产区。目前天门镇生姜种植面积3 000余亩,基地发展铜陵白姜产业的地理空间和市场潜力较大。基地现已建成1座年加工能力600吨的加工厂,年均带动周边村集体经济增收20万元,带动经营主体增收超50万元。

一是产学合作强化研发。基地与安徽省农业科学院、安徽农业大学、安徽科技学院等科研院所、高校建立了良好的产学研合作关系,承担多项国家、省、市科研项目,研发了铜陵白姜绿色栽培技术、铜陵白姜地窖和防空洞保鲜保种技术等,改进了传统铜陵白姜加工技术,提升了产品的品质。基地建设贮藏保鲜库1座,开发加工新技术4套,研制白姜新产品6个(图4-6)。

二是联农带农扩大经营。采取"基地+公司+合作社+农户"的产业化经营模式,在天门镇新建1座铜陵白姜产品深加工厂,实现铜陵白姜产业标准化、规模化生产,集约化、产业化经营,实现了产业的可持续发展。带动周边2个行政村,以及12个农业新型经营主体发展白姜产业。

三是三产融合做强企业。基地集白姜种植、产品开发、加工、销售为一体,并与铜陵南门姜业专业合作社建立了紧密型的产供销一体化的经

图4-6　安徽省铜陵市义安区白姜产业科技特派员创新创业基地生姜贮藏恒温库

济联合体。通过开展铜陵白姜深加工,开发出"久制铜陵白姜姜脯""铜陵白姜木糖醇"等系列产品,以及适合"三高"、肝病、龋齿患者以及肥胖人群食用的铜陵白姜产品,延长了产业链,也提升了企业的经济效益。

### 案例三:培育壮大食用菌产业——安徽省太和县粮经产业科技特派员创新创业示范基地经验做法

安徽省太和县粮经产业科技特派员创新创业基地,依托安徽省百麓现代农业科技有限公司组建,按照全产业链建设布局,重点发展食用菌产业(图4-7)。基地设有智慧菇棚228个,引进适宜皖北地区种植的食用菌25个,推广可移动式智慧菇房40余个,综合开发以食用菌为原料的健康饮品、功能性食品5个。育成红托竹荪新品种"皖荪1号""皖荪2号""皖荪3号",成功通过新品种鉴定登记并在基地进行转化。

一是强化科技支撑,重点突破。为克服市场上流通菌种存在的品质良莠不齐、品种单一等问题,重点开展红托竹荪和蛹虫草新品种、新技术、精深加工等技术研究,组织开展科技攻关10余项。从定向育种、自动装瓶、物理灭菌,到无菌接种、恒温培养,再到智能栽培等,实现食药用菌产业自动化、机械化操作,推动了太和县食药用菌产业向机械化、自动化、工厂化、智能化发展。

二是培育基层人才,带动增收。积极开展新型职业农民、农村产业发展带头人培训,组织邀请食用菌育种、栽培和加工等方面的专家,全年度全产业全过程提供技术指导。连续多年举办"食用菌产业高级班",邀请国家食用菌产业技术体系及省内相关专家做专题授课,并组织人员前往基地进行观摩,让技术人员详细了解食用菌企业投资效益、运营效果、市场销售等情况。

三是延伸产业链条,增加产值。基地注重精深产品研发,以太和红托竹荪、蛹虫草等食药用菌为原料,进行深度研发,增加附加值,促进以食药用菌生产为主体的三产融合发展。先后建立珍稀食药用菌生产基地1 000亩,带动周边就业200余人,人均年增收2万余元。开发出蛹虫草袋泡茶、蛹虫草固体饮料、虫草面、竹荪面、竹荪酱等系列深加工产品，实现了食用菌产业由"一产"向"二产""三产"延伸。

图4-7 安徽省太和县粮经产业科技特派员创新创业示范基地

### 案例四：小番茄 大产业——山东省济南市番茄产业科技特派员创新创业共同体基地经验做法

山东省济南市番茄产业科技特派员创新创业共同体基地，依托济南市天桥区沃尔富斯番茄文化产业园组建（图4-8）。基地占地面积400余亩，是全国第一家以番茄为主题，集科研、示范、生产、休闲观光与教育培训等功能于一体的综合性现代农业产业园。

一是收集创制种质资源。建成番茄种质资源贮藏库1个，入库番茄种质资源3 000余份，建有种质资源圃8座，定期进行种质资源更新繁殖。每年进行番茄品种试验2 000多个，研究新品种杂交组合3 000多个，创制番茄新材料300余份。自主研发番茄新品种20余个，累计推广种植面积300多万亩。

二是延长产业增值链条。打造农业专家团队和产业链服务平台，从番茄产业链的源头做起，涵盖种子研发、生产、加工、流通、消费、品牌推广等多个环节的产业链系统，建立严密的质量标准检验体系，打造了"沃小番"高端农产品品牌。

三是完善科技帮扶模式。探索"基地+企业+科研院所+农户"协作发展模式，辐射带动山东乃至全国番茄产业的规模化、科技化、现代化发展,打造技术培训和人才实训示范基地。充分利用科技资源优势,深化"沃小番"现代番茄全产业链产教融合的教学模式、校企合作的办学模式、工学结合的人才培养模式,培育一大批乡土科技人才。

图4-8　山东省济南市番茄产业科技特派员创新创业共同体基地

## 案例五:蓝色小浆果　富民大产业——吉林省圣喻蓝莓星创天地经验做法

吉林省圣喻蓝莓星创天地依托白山市林源春生态科技股份有限公司组建,入驻企业超50家,为创新创业者提供创业培训,打造长白山寒地蓝莓地理标志,为吉林省发展小浆果产业打下良好的基础。

一是整合创新要素。通过整合人才、信息、资源、金融要素,依托院士工作站,建设了一站式开放性综合平台。加强创业人员集聚、创业孵化、创业人才培训,熟化与示范特色产业技术成果,开展长白山特产品种驯化、种植、研发、加工开发应用示范推广,开发饮料、果酒、特产等12大系列158个品种(图4-9)。

二是打造创业平台。建设试验检测室、专家工作室、实验基地等创新创业平台,为乡村科技人才提供创业辅导、创意设计、市场营销、法律法规、知识产权、技术转移等服务。与吉林农业大学、北京工商大学等高校开展合作,打造了一支涵盖浆果种植、法律咨询、创业辅导、知识产权创造、电商培训、包装设计等方面的创业导师团队,促进乡村科技人才创新创业。

三是推动成果转化。采用长白山20多种特色野生浆果科学配伍,针对上班族、用眼过度人群急需保护视力的现状,自主研发"呵护眼"复合果汁饮料等护眼系列产品。与齐心村北虫草专业合作社等联合开展北虫草种植,推广新产品、新技术,并帮助注册"湾沟山宝"商标,提高产品附加值。

图4-9 吉林省圣喻蓝莓星创天地产品生产线

## 案例六:做好科技+文化+产业"三茶"融合大文章——浙江省轩辕黄贡星创天地经验做法

浙江省轩辕黄贡星创天地,依托缙云县黄贡茶业有限公司组建(图4-10)。其大胆探索,不断创新,采取"基地+科研公司+合作社+农户"的经营模式,成功开发出"仙都黄贡"牌高山土种红茶、"缙云黄茶"等产品,产品分销全国十多个省市,加快了当地茶产业结构调整,促进了农民增收。

一是找准功能定位。围绕"科技赋能+黄茶产业+民宿旅游"主题,按照"一核一区一带多点"产业布局,将缙云黄茶科技创新示范、主题民宿、乡村旅游等资源进行组合,采用农业旅游综合体开发模式,形成轩黄创新部落、"胡源三居"民宿联合体、茶文化体验园等组团式发展格局。

二是完善创新理念。通过对当地自然、人文和农业等三大资源优势进行整合,创新发展理念,促进当地科技人才创新创业。"孵化一批"具有创业愿望的本土农业创客;"催化一批"相对成熟的中小型企业成为地方农业龙头企业;"发酵一批"技术、产品、服务,推动"三农"经济发展;"激活一批"地方民间资本,进入农业投资领域,促进新农村建设。

三是注重创业带动。发挥基地示范引领和创业带动作用,依托农业龙头企业等,在开发茶叶新产品基础上,拓展黄茶采制、品赏、体验等于一体的农业观光游,结合仙都、岩门、大洋山三大景观,融合非物质文化遗产,创建了集旅游、观光、度假、文化体验于一体的农业综合体,有效地带动了当地乡土人才创新创业。

图4-10 浙江省轩辕黄贡星创天地

### 三 畜禽领域

**案例一:生态理念推动肉羊产业产值提升——安徽省含山县肉羊专业养殖科技特派员创新创业基地经验做法**

安徽省含山县肉羊专业科技特派员创新创业基地,依托马鞍山市金农牧业有限公司组建(图4-11)。基地占地800余亩,现已建成标准化羊舍6 500平方米,获得农业农村部颁发的部级畜禽养殖标准化示范场。基地直接服务企业5家,帮扶行政村4个,开展肉用绵羊新品种培育技术工作,集成的湖羊关键生产技术应用超6万头,指导建立资源高效利用的肉羊饲草料生产体系,年生产饲草青贮料1 000吨以上,促进全县肉羊产业健康持续发展。

一是坚持种质资源保护与利用相结合。基地开展皖江白山羊的搜集和鉴定工作,皖江白山羊已被马鞍山市农业农村局列为市新发现资源,基地依托单位被列为畜禽遗传资源保种场(市级)。基地向周边养殖农户提供种羊,成品羊再按照公司质量标准回收,平时经常组织举办养殖技术培训会,引导养殖户科学饲养,科技养殖,有效带动了当地养殖(羊)业的发展。

二是坚持循环农业种植与养殖相结合。基地以"田种粮、粮结秆、秆喂羊、羊拉粪、粪制肥、肥还田"的发展理念,利用农作物秸秆制作养殖饲料,减轻了秸秆焚烧带来的环保压力,通过羊粪制作有机肥还田,大大缓解了土壤板结,增加了土壤肥力,正在逐步形成生态循环农业发展轨道,在实现绿色养殖的同时节约养殖成本,探索出一条"种养结合、以养促种、创富共赢"的生态养殖新路。

三是坚持帮扶带动输血与造血相结合。基地对接周边村镇,根据养羊户综合素质情况,推广先进适用技术。同时,以养羊户为中心,吸收经验丰富的养羊户进入基地管理实施组织,让养羊户参与基地的成果转化,共同制订基地实施方案,带动本地肉羊产业的发展。

图4-11　安徽省含山县肉羊专业养殖科技特派员创新创业基地

**案例二:科技赋能传统蚕桑产业提质增效——安徽省肥西县规模化数字蚕桑科技特派员创新创业基地经验做法**

安徽省肥西县规模化数字蚕桑科技特派员创新创业基地,依托肥西县金牛蚕桑农民专业合作社组建。建成示范桑园1 060亩,省力化养蚕大棚42座,年养蚕1 500张,产值300万,解决当地群众就业达100多人。

一是科技引领重推广。基地先后承担安徽省农业科学院、安徽农业大学,以及安徽省特色农业产业技术体系等示范推广任务,获得国家发明专利、实用新型专利16件,破解蚕桑生产品种单一、抵御自然灾害及病害能力弱的问题,逐步提高蚕桑生产技术水平。引进推广蚕用新品种"华康2号"、小蚕共育技术等先进技术成果,应用电器化小蚕共育,采用电器化自动加温补湿,保持24小时温湿度平衡,小蚕发育健壮、整齐;推广塑料大棚省力化养蚕和方格簇全自动上簇技术,省工、省力,适期采茧,蚕茧上车率和解舒率均提高10%以上。

二是授人以渔强带动。依托基地条件,带动周边农户开始规模化养蚕,并吸纳帮扶残疾人及在册脱贫户家庭发展产业。组织高校院所、科技特派员等专家队伍,围绕栽桑和饲养蚕茧、测土配方施肥、病虫害绿色防控等技术开展科普培训活动,动员合作社成员积极参加新型职业农民培训、科技示范户培训等,编印《桑树病虫害防治》《家蚕主要蚕病及防治》《家蚕饲养技术及现行生产用种简介》等多个培训材料,受训人员达500人次/年,发放技术资料、书籍和光盘1 000多份,并在媒体开展新品种新技术推广(图4-12)。

三是产业融合闯新路。探索研究制作桑叶茶,桑葚采摘、烘干、加工,帮助蚕农创造更多就业和增收机会。基地建设统一规划、集中连片,统一选用优良品种,统一栽植技术规格,规范化评茧、烘茧技术,"仪评"收购,按质论价,并进一步拓展到精品蚕丝被生产,为蚕桑业的扩大发展奠定良好的基础。注册了"小井庄"牌和"金牛蚕桑"牌商标,进一步延伸

图4-12 安徽省肥西县规模化数字蚕桑科技特派员创新创业基地培训现场

产业链条,推动一、二、三产业融合发展,走规模、集约、优质之路,为乡村产业兴旺贡献力量。

### 案例三:科技串起奶牛富民产业链——湖北省俏牛儿巴氏鲜奶星创天地经验做法

湖北省俏牛儿巴氏鲜奶星创天地,依托湖北俏牛儿牧业有限公司组建(图4-13)。其充分发挥引领示范带头作用,以奶牛养殖为主导,向产前延伸饲草种植、饲料加工、良种繁育,向产中开展奶牛粪便减量化排放、无害化处理、资源化利用,向产后拓展加工储藏、冷链物流、销售服务、牧场观光,形成"产、供、销"一体的全产业链循环,"农、工、商"互促的三产融合发展新格局。

图4-13　湖北省俏牛儿巴氏鲜奶星创天地

一是开展科研攻关。重视引进外部智力,与华中农业大学、湖北省农业科学院合作研发,常年聘请高校、科研机构的专家作为技术顾问与管理顾问,培养科研团队和管理团队,为奶牛养殖场、种植大户、个体商户等创业团体提供专家咨询、奶牛养殖及饲草种植技术、巴氏奶配方技术改良等。

二是延长产业链条。采取"星创天地+公司+农户"相结合的生产模式,联合种植"粮改饲"2 000多亩,带动种植青贮玉米的农户500户以上,帮助农户年增收2 000元左右,并常年为其提供免费种子、有机肥和技术指导。奶牛养殖基地与巴氏鲜奶直供企业进行资源整合、技术分享、市场营销。发展特色冷链业,完善配送大体系,购置冷链配送车辆,配备专业人才,强化配送服务意识。

三是开展创业活动。开展各类培训,针对不同对象需求,组建本土讲师团队和外聘专家团队,分别开展奶牛养殖技术、鲜奶吧管理、产品制作等各类培训。组织外出参观学习,赴江苏、河北、新疆、河南等地学习奶牛养殖技术。孵化培育的湖北俏牛儿肥业有限公司,主要从事生物有机肥的研发、生产、销售、服务与推广,制造的生物有机肥产品销往陕西、河南、恩施等10多个省市和宜昌周边地区。

## 四 水产领域

**案例一:勇挑渔业"补短板"重任——安徽省安庆市皖宜季牛科技特派员创新创业基地经验做法**

安徽省安庆市皖宜季牛科技特派员创新创业基地,依托安庆市皖宜季牛水产养殖有限责任公司组建,依托单位先后被评选为国家种业阵型企业、国家级水产健康养殖示范场、全国现代渔业种业示范场等。基地建有占地3 780亩的双山湖现代种业示范基地,占地150亩的大型水产品批发市场,年生产"皖江"牌"四大家鱼"等各类水产苗种20亿尾(图4-14)。

图4-14　安徽省安庆市皖宜季牛科技特派员创新创业示范基地捕捞现场

一是实施科技创新,打造区域特色渔业。开发引进优质良种,创建种业示范基地,陆续引进异育银鲫"中科5号""长丰鲢""长丰鲢2号""长丰鲫""合方鲫2号"等大宗淡水鱼国审新品种。实施渔业养殖技术集成创新,示范推广"池塘-湖泊复合型养殖"模式、"流水槽+"尾水处理模式、"三池两坝"的治理模式等渔业新技术、新模式。

二是加大品牌宣传,做强水产品流通产业。大力实施品牌战略,围绕唱响"皖江"品牌,开展了一系列宣传推介活动,连续多年参加安徽、上海、北京等地农产品交易会,宣传推介"皖江"牌水产品。强化市场营销,通过与上海、常州、杭州等地营销大户合作,使该公司水产品打入了上海、江苏、浙江等地市场。采取"公司+基地+市场+农户"利益联结方式,形成"产、供、销"一体化现代渔业发展格局,建设了安庆长青农副产品批发市场,推动了水产业由粗放型向集约型、规模型、效益型转变。

三是注重科技培训,提升健康养殖水平。组织养殖户观摩学习,围绕主推品种和技术,从抓好生产管理、养殖技术改进、水产品质量安全等环节入手,组织养殖户到核心示范基地观摩学习,每年组织观摩学习100人次以上,发放渔业技术资料500份以上;定期组织养殖户、技术人员召开交流座谈会,建立示范基地专家与养殖示范户手机短信平台,及时发布气象、苗种、养殖、病害、市场等的综合信息,特别在养殖生产关键阶段,针对性地提出注意事项和应急方案。

**案例二:加大创新投入 发展龟鳖产业——安徽省芜湖市无为市蓝田科技特派员创新创业基地经验做法**

安徽省芜湖市无为市蓝田科技特派员创新创业基地,依托安徽蓝田农业集团有限公司组建(图4-15)。其积极推动安徽龟鳖产业发展,指导和带动周边农户开展龟鳖养殖,拓宽农户收入渠道,取得了较好的经济效益。

一是技术创新上,坚持"健康养殖,种业先行"。基地与中国水产研究所、大连工业大学、安徽省农业科学院等科研院所合作,持续在中华草龟良种繁育、苗种培育、龟鳖商品养殖等方面进行科技探索和创新,不断

图4-15　安徽省芜湖市无为市蓝田科技特派员创新创业基地

提高中华草龟亲本的产卵量、孵化率、成活率,为全国龟鳖产业提供优质的中华草龟良种,年生产龟鳖苗种400万只、优质商品龟鳖165万千克,是华东地区乃至全国最大的种龟种鳖繁育、生态龟鳖养殖及深加工基地。

二是产业发展上,坚持"板块组团,三产联动"。基地推广"一季龙虾一季稻"、稻渔综合种养等模式,建成国内龟鳖企业规模较大的尾水处理系统,实现养殖与治理、景观一体化。开展龟甲、龟肉等产品开发与药用研究,创建了以龟鳖产品加工研究的院士工作站。基地打造了以优质龟鳖种苗集约化繁育养殖为核心,集特色淡水鱼规范化养殖、稻渔规模化综合种养、龟鳖加工产品多元开发、农庄休闲康养、龟鳖博物文化普及、生产基地观光等多结构、多功能于一体的大型现代农业生产基地。

三是科技帮扶上,坚持"授之以渔,持续造血"。基地通过养殖技术服务、提供就业务工岗位及土地租赁等方式,帮扶脱贫户增收致富。在陡沟、福渡、泉塘3个乡镇建立生产基地8 000余亩,建立小龙虾加工基地和批发市场,在保证粮食面积稳定的同时,每亩净收入3 000元以上,增加了农民收入。

# 第五章  科技特派员管理平台建设

## ▶ 第一节  科技特派员管理平台建设流程

### 一 科技特派员管理平台概述

#### 1.建设背景

党的十八大以来,全国累计选派28.98万名科技特派员,广大科技特派员在山林奔波、在田野耕作,成为脱贫致富、乡村振兴的带头人。科技特派员来自不同单位、不同岗位,单位性质也不尽相同,地域分布比较分散。面对数量众多的科技特派员及服务对象,如何精准选派、科学管理、供需对接,是当前扎实推进科技特派员工作面临的重大课题。

随着信息化技术的不断发展,推进科技特派员管理平台的建设,不仅是科技管理部门加强科技特派员管理的需要,也是提升科技特派员服务能力的需要。一方面,科技特派员需要具备较强的信息获取和分析处理能力,利用信息技术服务现代农业发展;另一方面,科技管理部门需要充分利用信息化工具,建设科学化、便捷化的科技特派员管理平台,对科技特派员进行精细管理和服务。

#### 2.建设思路

科技特派员管理平台,采取"平台上移、服务下延"的形式,由各地结合当地实际情况,建设覆盖省、市、县三级的统一管理服务平台。平台以促进供需有效对接为目标,以各类涉农数据资源整合为基础,以科技特派员工作数字化提升为手段,融合网站、手机APP、微信小程序等多种终端为一体,实现"三农"科技知识的融合共享、科技服务的及时便捷、科技成果的智能对接和科技特派员队伍的高效管理。

## 二 科技特派员管理平台需求分析

科技特派员管理平台登录账户,包括科技特派员、派出单位、服务对象、科技管理部门和公众用户等5类。每类账户按照行政区划管理,分为省、市、县三级。自《网络安全法》正式实施以来,我国网络安全领域进入了法制化阶段,科技特派员管理平台需要实名制注册。科技特派员管理平台可以自行设计实名制注册登录机制,也可通过实名认证的微信、支付宝、微博等第三方渠道,实现绑定登录。登录后根据不同账户权限,实现相应的信息浏览、填报上传、统计分析和管理等功能。

### 1.科技特派员需求

科技特派员管理平台是省、市、县各级科技特派员日常管理和服务的办公平台,科技特派员通过手机或者电脑登录,获取科技部门的通知通告,填报日常服务情况,提交各项工作报告,发布农时农事、农业科技相关信息,并与服务对象进行对接,采取文字、语音、视频等多种方式解答问题,提供科技服务。

### 2.服务对象需求

服务对象一般包含村(社区)、农业企业以及小农户等,他们缺乏专业的科学技术,需要对应专业的科技特派员进行帮助。服务对象通过平台发布科技服务需求,联系对接符合需求的科技特派员,并根据科技特派员的服务情况进行绩效评价。

### 3.派出单位需求

派出单位是指科技特派员的就职单位,一般为大专院校和科研院所,派出单位的人事管理部门需要对本单位的科技特派员进行登记、变更等管理,对本单位科技特派员的供需对接情况、服务开展情况进行统计分析,实时掌握本单位科技特派员工作动态和服务情况。

### 4.科技管理部门需求

科技管理部门需要按照省、市、县三级对科技特派员进行分级管理，各级科技管理部门需要对各自辖区科技特派员进行审核、分派、统计等日常管理,对辖区内科技特派员的工作绩效、服务情况、项目申报等进行在线管理,对科技特派员服务过程进行跟踪、服务成效的分析统计、服务绩效的评估,对科技特派员的结构组成、服务过程、服务成效等开展大数据分析挖掘。

### 5.公众用户需求

社会公众用户分为注册用户和非注册用户,非注册用户可以通过平台查询种植养技术、病虫草害、政策法规、农村科技视频等农村科技信息,了解科技特派员的工作动态、产业新闻、政策法规、通知通告等新闻资讯信息。注册用户登录平台后,可以通过文字、语音、视频等多种方式,与科技特派员进行互动,开展科技问题的线上咨询。

## 三 科技特派员管理平台总体设计

### 1.建设目标和原则

1)设计目标

功能设计上,平台包含农村科技信息服务系统、农村科技智能问答系统、科技特派员新闻资讯系统、科技特派员工作系统、科技主管部门工作系统等子系统,满足科技特派员、服务对象、派出单位、科技管理部门及公众用户的需求。

系统设计上,平台应采取跨数据库、跨平台设计,可以通过多终端的无缝连接,具备客户端、网页、手机 App 等多种终端登录方式,界面友好、直观,菜单简洁,菜单格式、快捷键充分考虑用户使用习惯,易于用户使用。

2)设计原则

为确保科技特派员管理平台的建设、维护的可持续性,在平台建设

与技术方案设计时,应遵循以下原则:

一是统筹规划、分步实施。结合科技特派员发展需求,明确科技特派员信息平台工作总体目标和阶段性任务,科学规划平台建设和服务重点,分阶段组织实施。

二是整合资源、协同共享。梳理现有涉农综合数据资源,建立农村科技信息标准资源库和数据规范,与涉农部门共享共用科技、资讯、视频等数据资源,实现农村信息服务协同。

三是创新平台、注重实效。以科技特派员工作为中心,以基层服务需求为导向,以平台创新服务为目标,突出服务重点,注重服务实效,着重加强平台的可用性和易用性。

四是科技赋能、深化应用。跟踪信息技术发展趋势,加强大数据、人工智能等信息技术的应用,实现手机、平板电脑、PC等终端的融合服务。

### 2.平台功能设计

科技特派员管理平台包括科技特派员需求库和备选库建设、信息服务系统、智能问答系统、新闻资讯系统、科技特派员工作系统、科技主管部门工作系统建设,并设计研发与平台系统相适配的移动端应用、微信公众号和小程序。平台覆盖省、市、县三级科技特派员、科技管理部门和服务对象,为科技特派员的规范化管理和精细化服务提供信息化支撑。

1)科技特派员需求库和备选库

结合各地主导和特色产业发展需求,自下而上广泛收集汇总农户及合作社、企业等经济实体的科技需求信息,构建特派员需求库。按照需求方所在地区、需求类别以及关键字可以查询具体科技需求信息,以及科技特派员服务进展和服务意向达成情况。

面向社会广泛选用各类科技创新人才和团队,构建能够解决县域、乡村和企业、合作社的技术、经营、管理等问题的科技特派员数据库,以满足各地科技需求,由派出单位和科技管理部门进行审核管理。按照科技特派员专业特长、派出单位以及关键字进行检索,查询科技特派员信

息与服务对象签约情况。

设计在线撮合模块,科技特派员与服务对象可以在线进行供需对接、签署服务协议并向科技管理部门进行备案。科技管理部门可以通过WebGIS地图、表格等多种方式,直观快捷查询科技特派员信息及服务动态。

2)科技信息服务系统

设计农业科技专题库。通过自动抓取、数据交换等方式,建立包含种苗繁育、种植技术、养殖技术、病虫草害、农机、新产品、新成果等农业农村综合科技知识库群。

设计专题栏目和手机端应用。按照主要农作物、经济作物、畜禽、水产、农机等类别,采取图文并茂的方式,提供栽培技术、防治技术、加工技术、仓储技术等信息服务。

3)科技智能问答系统

设计科技问答智能推送、焦点问题排序等功能。利用人工智能技术自动回答相关科技问题,推送近期热点相关问题。智能解答不能满足用户需求时,系统会根据问题的专业领域和用户的历史操作,自动推荐符合条件的科技特派员。用户和科技特派员可以通过文字、语音、视频等多种方式,进行在线咨询交流。

4)科技特派员新闻资讯系统

开发科技特派员新闻资讯系统,汇聚全省科技特派员的通知通告、政策法规、产业新闻、工作动态等新闻资讯信息,使其成为特派员工作风采展示、工作经验交流,科技特派员与科技部门信息上传下达的门户。

5)科技特派员工作系统

设计工作日志模块。科技特派员开展现场服务时,通过手机端发布工作日志、现场工作图片等信息,并提交实时位置信息,作为日常服务记录,进行分享和统计。

设计工作报告模块。科技特派员根据科技管理部门、派出单位要求,在系统中填报工作报表和工作总结等材料,科技管理部门可以实时掌握科技特派员服务进展及成效情况。

设计专家工作室。社会公众、企业等提出问题,由专家进行解答,科技特派员作为专家,还可发布农业科技信息,解答用户提出的问题,并发布农时农事、农业科技信息等。

6)科技管理部门工作系统

省、市、县三级科技管理部门对辖区内的科技特派员,开展日常工作管理、考勤管理、年度考核、经费管理、档案管理等工作,并根据科技特派员提交的工作日志、工作报告、回复用户提问、供需对接发布、科技项目对接等情况,自动进行绩效统计、评估分析。

## ▶ 第二节　科技特派员管理平台建设案例

### 案例一:安徽省科技特派员管理平台

#### 1.平台运行概况

安徽省科技特派员管理平台包括安徽省科技特派员管理服务网站(https://ktp.ahnw.cn,图5-1)和微信小程序(搜索"科特派服务"小程序),平台覆盖了省、市、县三级科技特派员,以及科技管理部门和服务对象

图5-1　安徽省科技特派员管理平台首页

等,实现科技特派员供需精准对接、线上实时交流互动以及规范化、数字化管理,为安徽省科技特派员工作提供信息化支撑。

截至2023年,安徽省科技特派员管理服务平台注册科技特派员18 245名、科技特派团366个、科技园区103个、科技特派员工作站592个、示范基地410个,全年发布科技资讯信息1 316条(其中,科技培训视频347条),各级科技管理部门报送科技特派员工作动态稿件1 240篇,科技特派员在平台发布服务记录31 254条、培训记录4 631篇。平台日均访问量8 000余次、日均活跃科技特派员超过1 000人次,目前该平台已成为安徽省科技特派员工作日常管理和成效监测的重要抓手。

### 2.平台功能设计

安徽省科技特派员管理平台融合网站、手机App、微信小程序等多种终端为一体,包含农村科技信息服务系统、农村科技智能问答系统、科技特派员项目管理系统、科技特派员新闻资讯系统、科技特派员工作平台、科技管理部门工作平台等功能模块,按照科技特派员、服务对象、科技特派员组织、派出单位、科技管理部门、公众用户等角色设置不同功能模块,能够实现科学知识的融合共享、科学技术的协同创新、科技服务的及时便捷、科技成果的智能对接和科技特派员队伍的高效管理。系统的功能框架如图5-2所示。

图5-2　安徽省科技特派员管理服务平台功能框架图

1)科技特派员角色功能

科技特派员开展线下服务后,通过平台微信小程序提交服务时间、服务内容、服务照片等内容以及科技特派员线下科技培训情况;科技特派员还可汇总本季度的服务情况,填报本季度服务对象数量、科技成果转化、服务对象(农户、集体、企业)增收等成效内容。

2)服务对象角色功能

服务对象入驻平台后,提出服务需求信息和科技特派员具体专业需求。在特派员提供服务后,通过文字描述及星级评价,对科技特派员的服务质量进行反馈。由科技特派员派出单位及各级科技管理部门,对科技特派员的服务情况进行跟踪分析。

3)科特派组织角色功能

科特派组织包括科技特派团、工作站、帮扶点等,科特派组织入驻平台后,可以按季度提交科技成果转化内容、服务对象增收等方面成效,同时可以将服务过程中的经验做法进行总结,以稿件形式向平台报送,在平台发表。

4)派出单位角色功能

科技特派员派出单位可以通过平台的"分支机构管理"功能,实现对单位及下属分支机构派出科技特派员、科技特派团的盘点,方便派出单位对科技特派员、科技特派团的管理,实时查看培训记录和服务成效等内容,了解整体服务质量。

5)科技管理部门角色功能

省、市、县三级科技管理部门可以通过平台实现科技特派员服务的全流程管理,从服务对象的需求信息审核,到科技特派员、科技特派团的入库分配、供需精准对接以及服务质量追踪等各环节的管理。

6)公众用户角色功能

社会公众用户可以查看科技特派员相关的新闻资讯、农业科技视频培训、农技资源,查看品种、栽培、防治、加工、病灾虫害等技术文章,使用文字、图片、语音、视频邀请科技特派员在线答疑解惑,解决实际生产中

的各类技术问题。

### 案例二:福建科技特派员服务云平台

#### 1.平台运行概况

福建科技特派员服务云平台是全国最早建设的科技特派员信息管理服务平台之一,主要包括福建省科技特派员服务云平台门户(https://www.fjktp.cn,图5-3)、慧农信APP和微信小程序、科技特派员注册管理和服务成效评估系统、科技特派员数据分析展示系统、慧农信服务系统、农技资源管理系统、服务云平台管理系统、应用支撑系统等内容。

图5-3　福建科技特派员服务云平台首页

截至2022年底,福建科技特派员服务云平台注册总用户数达27 067名,在线服务专家达6 722名,通过平台提供技术咨询/技术服务约28万人次,发布农技视频997部、农技资源数据28 727条。实现了"云上"精准服务、远程服务、动态服务,让农民、企业足不出户即可获得科技特派员和团队及时迅速的远程支持,提升了福建省科技特派员工作整体的信息化水平。

#### 2.平台功能设计

福建科技特派员服务云平台实现了全省科技特派员服务跟踪、绩效评估、量化考核,调动了科技特派员工作的积极性,保障了科技特派员行动实施成效。建立基于融媒体技术的农业知识库,拓展了农业信息服务方式,有效地提升了服务效率。

1)平台数据中心

福建省科技特派员服务云平台实现了与福建省法人信息库、政务信息共享平台进行纵向对接,与福建省农业科学院融媒体数据库进行横向对接。为了满足"三农"数据资源的需求,还建立了农技资源库,实现了农业相关数据的采集、存储、结构化处理、挖掘、分析和应用等功能。

如图5-4所示,集成整合覆盖福建主要种养对象的生产技术资料、科技特派员服务问答、科技特派员管理等数据,包括从品种、农药、化肥、植保、栽培到采收加工的各个环节,形成了可持续更新的科技特派员基础数据资源"数据中心"体系。同时,以不同管理权限的用户为基础,实现了信息资料的组织管理。

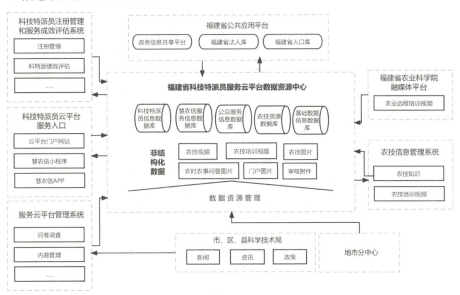

图5-4 福建省科技特派员服务云平台数据中心框架

2)功能模块设计

福建省科技特派员服务云平台在功能设计上分为三大部分:科技特派员管理和服务成效评估、数据中心管理以及科技特派员服务。

科技特派员管理和服务成效评估模块。具备科技特派员的登记注册、遴选审核、工作报告、工作日志审核、查询与统计等功能。科技特派员管理部门能够进行在线的考核管理和绩效评估等,对数据进行动态统计,包括全省科技特派员的选认分布、人员结构以及成效评估等。

数据中心管理模块。对现有的农技资源数据、农技问答数据和科技特派员相关数据进行整合、规范和拓展。这不仅形成了统一的服务数据管理和应用机制,而且按照数据类别、层次和关系构建了科技特派员数据目录,实现数据共建、共享、共用的索引。同时,也建立了统一的数据标准规范和数据体系框架,完善了数据汇聚、备份、交换及同步机制,实现各单位部门的数据互通,并向相关政府部门提供科技特派员数据共享与服务。

科技特派员服务模块。包括云平台门户网站和移动端。门户网站包含了诸如科技特派员动态、农技资源、在线服务、技术成果对接、科技特派员风采和科技特派员成效等模块,全面展示了福建省科技特派员建设的成效。而移动端模块则涵盖了微信小程序、APP应用、微信公众号等,集成了语音问答、社群互动、视频点播、专家系统、信息推送等功能。农民可以通过这些平台"学知识、看视频、问专家、发需求",同时也能与科技特派员实时互动、视频学习、展示交流创业成果,快速对接技术需求与技术服务。

### 案例三:陕西省科技特派员云平台

#### 1.平台运行概况

陕西省科技特派员云平台(http://www.sxkjtpy.cn,图5-5),分为网站系统和手机APP,提升了科技特派员创新创业工作管理的信息化水平,为广大农业农村工作者以及基层有技术需求的职业农民、专业合作社和种养大户提供了一个学习和交流的平台,实现了在线学习、在线提问、在线专家咨询等特色功能。同时,开展线上答疑咨询活动,制作新技术、新品种培训视频课件并上传至学习园地,面向全省开展科技特派员线上线下服务,形成了"互联网+农技推广"模式。

图5-5　陕西省科技特派员云平台首页

截至2023年,系统累计发布动态1 595条、学习资料1 845篇,征集技术需求823条,在线专家涉及45个产业类别,人数达到8 002名。各类平台终端用户总量已达到17 291个。

**2.平台功能设计**

陕西省科技特派员云平台由八个栏目和五类用户组成。八个栏目包括通知通告、动态新闻、学习园地、需求信息、技术成果、特派员咨询、数据统计以及特派员管理。五类用户包括自然人科技特派员、法人科技特派员、反向科技特派员、企业用户以及个人用户。系统的架构如图5-6所示,表现方式简单易用,通过统一的界面访问各功能模块,操作和维护便捷。同时,采用RBAC身份验证技术确保系统访问安全;采用关键数据对称加密及非对称加密技术及日备份策略保障系统数据安全;通过详细的操作日志实现系统的安全审计。

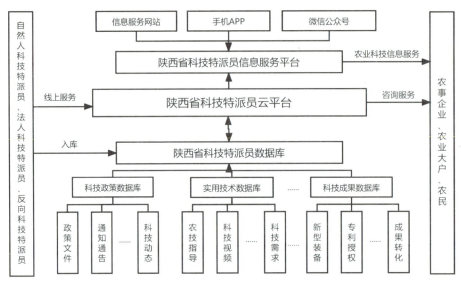

图5-6　陕西省科技特派行动信息管理与服务平台架构图

对科技特派员的管理分为三级:省级、市级和县(区)级。在省级层面,实现了科技特派员、服务对象等用户的信息查询与统计分析功能,可通过多条件逻辑组合进行查询,检索自然人科技特派员、法人科技特派员、反向科技特派员的单点与群组信息,并按照国家和省的有关要求实现多口径数据统计及报表的自动生成功能。市级层面则负责科技特派员信息的审核、查询、统计分析功能,各市需审核其下级单位录入的科技特派员信息,对于不符合要求的数据可以驳回,并对下级单位的数据删除操作进行审核,确认后提交省级进行数据卸载,实现本市科技特派员的多口径数据统计操作。县(区)级则实现了科技特派员信息的录入、维护、删除、查询与统计分析功能,各县(区)可以录入和维护本县(区)的科技特派员信息,实现本县(区)的单点与群组信息检索和本县(区)科技特派员的多口径数据统计操作。

## 案例四:江西省科技特派员管理服务平台

### 1.平台运行概况

江西省科技特派员管理服务平台(https://tpy.jxinfo.net.cn,图5-7)服务科技特派员以及农业企业、合作社和农民等。平台集政策宣传、需求征集、科技成果发布、需求对接、技术服务、绩效评价等功能于一体,为江西省科技特派员精准服务提供信息化支撑。通过平台的微信公众号,农业企业、合作社、农民等可以填写并提交生产技术问题、培训服务需求,或者与科技特派员进行线上咨询交流。此外,可以查询和学习平台的新品种新技术信息和技术培训视频、图文资料等。

截至2022年底,江西省科技特派员管理服务平台已经入驻科技特派员2 784名、科技特派员团队571个,解决需求2 393个。平台实现了科技人才、农村科技服务供需的信息化、网络化、手机化,显著提升了江西省科技特派员信息化管理服务水平。

图5-7　江西省科技特派员管理服务平台首页

### 2.平台功能设计

江西省科技特派员管理服务平台通过运用移动互联网、云计算、大数据、物联网、人工智能等新一代信息技术,为科技特派员开展精准服务、远程服务、动态服务提供信息化支撑,提升科技特派员工作的整体信息化水平。

平台主要包括需求大厅、企业合作社大厅、科技特派员大厅以及政策公告4个部分,主要功能有科技特派员工作台、科特派注册、基础信息管理、科特派申报、工作报告、需求对接、科特派管理、审核管理、科特派风采管理、科特派评价考核、数据分析等功能,系统架构如图5-8所示。

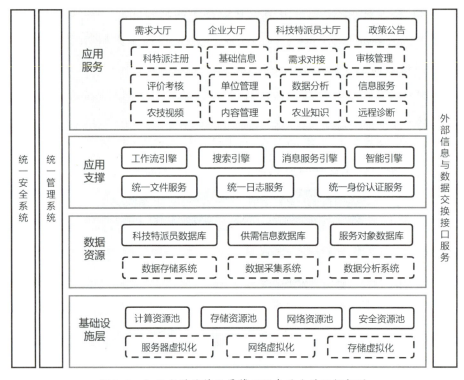

图5-8 江西省科技特派员管理服务平台系统框架图

目标系统架构分为4个层次:基础设施层、数据层、应用支撑层、应用层。基础设施层作为整个架构的底层,包括硬件设备、云平台等,为整个系统提供基础的物理环境。数据层建立在基础设施层之上,主要用于存储平台的基础数据,为应用提供数据存储支持,包括科技特派员信息数据库、供需信息数据库、公众服务信息数据库等。应用支撑层则向业务应用提供统一身份认证,包括密码应用;工作流引擎、搜索引擎、消息服务引擎等。应用层是面向最终用户的入口,包括需求大厅、企业大厅、科技特派员大厅以及门户网站等,实现用户访问的登录、各类业务应用集成访问、个性化展现等功能。这个架构通过各层次的相互协作,实现了用户及安全管理等方面的功能。

### 案例五：河南省科技支撑乡村振兴工作网

#### 1.平台运行概况

河南省科技支撑乡村振兴工作网（https://kjt.henan.gov.cn/kjfp）涵盖了科技特派员、县市创新引导计划、星创天地、农业科技园区等四大板块，汇聚了各类相关信息，包括通知通告、工作动态、政策文件以及专题培训等。网站还设计并推出了"'三区'人才支持计划在线签署与管理平台"（图5-9），该平台主要用于河南省科技特派员的征集与对接工作。

图5-9　河南省科技支撑乡村振兴工作网首页

"三区"人才支持计划在线签署与管理平台，是一个利用电子签章技术等手段，提供便捷、规范、低成本、高安全性的解决方案的平台，平台上的电子印章均由河南省数字证书认证中心颁发，用户在该平台上申请的电子印章仅限于该平台"三区"相关业务中使用，单位用户在该系统中申请的电子印章带有"三区人才专用章"字样。平台能够为"三区"人才计划的申报、协议签署和网上审批提供全面、便捷、规范、低成本、高安全性的支持。

#### 2.平台功能设计

河南省科技特派员征集对接平台（"三区"人才支持计划在线签署与管理平台）分为4个子系统，如图5-10所示，分别是科技人员应用子系统、派出单位应用子系统、受援单位应用子系统以及系统管理子系统。

该平台可以实现"三区"人才计划的申报、需求发布、对接、三方协议的签订、市县推荐以及后期管理等全程无纸化操作,这对于提高"三区"人才计划实施的信息化水平和影响力具有重要意义。

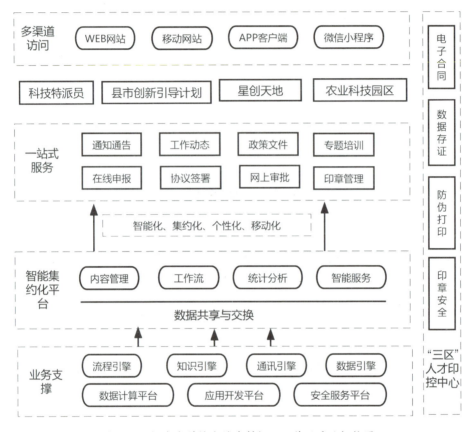

图5-10　河南省科技支撑乡村振兴工作网系统机构图

科技人员应用子系统涵盖了印章申请、推荐材料、需求查看、我的关注以及账号安全等5个模块。其中,印章申请模块支持科技人员签名照片的自动生成,该照片将用于后续创建推荐表、盖章等操作。用户在填写姓名和身份证号后,系统将自动生成签名图片,并提示用户依次填写真实信息,并上传头像照片、证件照片、签名照片等信息。需求管理模块可供用户查看各派驻单位发布的需求,而在我的关注模块中,用户可以随时查看自己关注的需求,并可选择取消关注。

　　对于派出单位应用子系统来说,其包含印章申请、推荐材料和账号安全3个模块。其中,印章申请模块能自动生成"三区人才专用章"的印章信息。推荐材料模块则可供派出单位查看并管理本单位所属科技人员的申请列表,并在三方协议中填写派出单位意见并签章,之后进入派驻单位处理流程。

　　受援单位应用子系统涵盖印章申请、推荐材料、需求管理和账号安全等4个模块。其中,需求管理模块支持发布、修改和删除本单位的科技服务需求信息。推荐材料模块则允许受援单位在线利用电子印章签署科技人员、派出单位和受援单位的三方协议,签署完成后可提交给派驻单位所在县级科技部门审批。

## ▶ 附录一　安徽省科技特派员政策

**文件名称:中共安徽省委农村工作领导小组《关于印发〈关于进一步完善巩固坚持科技特派员制度的若干措施〉的通知》(皖农工组〔2022〕2号)**

1.发展壮大科技特派员队伍。加大选认力度,坚持双向选择、按需选认、逐步实现科技特派员创业和技术服务行政村全覆盖。扩大选认范围,打破行业、单位、地域、身份等限制,一切能够推动经济发展、科技进步的科技人员,都可以选认为科技特派员。以县为单位建立科技特派员"需求库",动员省内高校、科研院所、基层农技推广部门和企业等充实科技特派员"备选库"。优先从创办领办经济实体或与经济实体开展实质性技术合作的个人和团队中选认科技特派员。主持承担各级各类科技计划项目的科技人员,可选认为科技特派员。

2.支持开展科技特派员团队服务。支持县域立足当地主导或特色优势产业,组建由高校、科研院所牵头的"链式"复合型科技特派团,有序推进"一县一团、一团一业"(1个县1个科技特派团、1个团1个产业)。鼓励各地结合实际组建本级跨学科、跨领域的技术服务团(队),开展"大兵团、小分队"协同作战,不断提升服务能力。

3.拓展科技特派员服务功能。聚焦科技强农,支持科技特派员从生产环节的技术服务,向生产、加工、检测、流通、销售等全链条、全要素服务转变。聚焦机械强农,从农机企业、地方农机站、农机合作社等选认一批科技特派员,针对重点产业、重点品种、关键环节,研发推广应用适应丘陵地形、设施大棚、家庭农场的多功能农机装备,加快制造成本低、效率高、寿命长的小型农机具,让农民有农机用、有好农机用。加快拓展服务领域,探索开展"科技特派员+"活动,推动从技术服务向产品营销、金融支持、生态环境、乡村治理等服务延伸。

4.支持建立利益共同体。支持符合条件的科技特派员携带技术、项目、资金到农村领办创办经济实体,建立示范基地,或以科技成果和知识产权入股、资金入股、技术服务和租赁经营等形式,与服务对象结成利益共同体。建立备案制度,事业单位科技人员担任科技特派员服务期满后,在利益共同体所持股份不受身份改变等因素影响,向所在单位备案后,在一定期限内可依法依规继续持有股份,确保利益共同体持续稳定发展。

5.创新科技特派员服务模式。推广"一站一盟一中心"(综合实验站、现代农业产业联盟、现代农业产业科技创新中心)、"高校院所+龙头企业+科技特派员+农户"和"高校院所+科技特派员+基地+新型经营主体"等服务模式。支持科技特派团、科技特派员工作站等,积极加入中国农村技术开发中心"100+N"开放协同创新体系(在全国选择高校、院所、园区、示范县市、乡镇村、农业科技企业、星创天地、科技特派员法人单位及新型研发机构等10个方面各10个单位,与N个金融、智库、知识产权及相关部委涉农单位建立合作关系)。

6.提升信息化管理服务水平。坚持线下现场为主、线上线下相结合,加快建设覆盖省、市、县的科技特派员信息化管理服务平台。加强精准对接服务,支持以县为单元,利用新媒体技术,加强科技主管部门、科技特派团、科技特派员、服务对象等互动交流。各级科技主管部门定期收集和汇总各类科技需求信息,面向社会征集解决方案,完善"乡村出题、特派员答题""特派员坐诊、基层选医"的精准对接机制。

7.强化多元化投入。对符合"三区"科技人才条件的省级科技特派员,每人每年给予1万元选派工作经费。对省级科技特派员开展研发、科技成果转化等创新创业项目给予最高30万元支持。对省级科技特派团、科技特派员示范基地、科技特派员工作站,依据绩效择优给予最高20万元奖补,其中奖励团队、个人的比例不低于50%。对于带动性强、成效明显的项目,可采取"一事一议"的方式予以支持。各市县安排科技特派员专项资金,用于支持科技特派员工作。支持金融机构为科技特派员创业提供"科创贷""乡村振兴贷"等金融产品服务。

8.完善激励保障政策。科技特派员在农村创业和技术服务的经历,视为干部的基层工作经历。建立健全高级职称"定向评价、定向使用"的职称评聘制度。省属高校和科研院所开展涉农及相关专业职称评审,把至少满一年的基层科技特派员服务经历和成效,作为重要条件;其他专业职称评审,把基层科技特派员服务经历和成效作为加分项。对获国家级表彰或贡献突出的科技特派员,可破格评定相应专业技术职称。支持从高校、科研院所选认的科技特派员,按照有关规定,通过离岗创业或到企业兼职等方式,从事科技特派员工作,并取得合法收益。

9.加强培训指导和考核。依托安徽乡村振兴学院及相关行业学会和协会等,开展常态化、系统化、专业化的线上线下培训。实施农业科技人员素质提升计划、农民专业合作社和家庭农场技术骨干培训等,加快培育乡土科技人才。在乡村振兴战略实绩考核中,加大科技特派员工作考核分值。健全科技特派员考核体系,将促进村集体经济发展和农民增收作为主要考核指标。对考核合格的科技特派员优先予以续聘,考核不合格的予以清退。

10.创新工作推进机制。省委农村工作领导小组统一领导科技特派员工作,明确各成员单位工作职责,下设科技特派员办公室,设在省科技厅。市县两级建立本地科技特派员组织领导机制,明确承担科技特派员管理工作的机构和人员,加强对乡镇、村的工作指导。乡镇设立或依托现有机构加挂科技特派员工作站,村设立或加挂科技特派员工作室

（点）。对作出突出贡献的科技特派员和组织实施单位按规定予以表彰，年度考核优秀的科技特派员由所在单位按规定给予奖励，并在各级劳动模范、三八红旗手、先进工作者等评奖评优中给予优先推荐。

## ▶ 附录二　福建省科技特派员政策

**文件名称：中共福建省委办公厅、福建省人民政府办公厅《关于印发〈关于深入推进科技特派员制度服务乡村振兴的若干措施〉的通知》（闽委办发〔2022〕5号）**

为深入贯彻习近平总书记来闽考察重要讲话和对科技特派员制度的重要指示精神，继续巩固、完善、坚持科技特派员制度，以科技助力乡村振兴，制定如下措施。

**一、加强对科技特派员的政治引领**

（一）以习近平总书记重要指示精神指引科技特派员工作。各级各部门要认真学习贯彻习近平总书记关于"深入推进科技特派员制度，让广大科技特派员把论文写在田野大地上"的重要指示精神，引导全省科技特派员把思想和行动统一到习近平总书记重要指示精神上来，坚持人才下沉、科技下乡、服务"三农"，进一步服务乡村振兴，以实际行动和工作成效增强"四个意识"、坚定"四个自信"、做到"两个维护"。要依托党校（行政学院）、高等学校、科研院所等开展科技特派员培训，强化思想政治教育，提升专业技术能力，动员更多科技人员和各方面力量投身"三农"工作。

（二）引导科技特派员投身乡村振兴伟大事业。各级各部门要总结提升、深入推进、创新发展科技特派员制度，推动农业先进科技成果转化和应用。以"一县一团"、"一业一团"及"揭榜"选认等方式组建科技特派员服务团，积极参与科技助力乡村产业振兴"千万行动"，由科技特派员

专项资金予以支持,实施特色现代农业高质量发展"3212"工程,培育壮大乡村特色产业,全面推进乡村振兴。

**二、完善科技特派员选认和服务管理机制**

(三)进一步扩大选认视野和范围。加大对技能型人才以及省外、境外科技特派员的选认力度,对入选设区市(含平潭综合实验区,下同)以上人才计划、技能大师工作室领办人、荣获省级以上技能大赛铜牌以上或拥有授权有效发明专利一项以上的,选认时适当放宽学历、职称和工作经历等要求。支持组建海归专家科技特派员服务团,建立海归专家科技特派员工作站。探索将符合条件的科技服务团成员、驻村第一书记、乡村振兴指导员、乡村就业创业服务专员、流通助理等纳入科技特派员选认范围。

(四)完善科技特派员分级服务管理机制。进一步完善省、市、县三级科技特派员选认、管理、服务和扶持的工作体系和政策举措。建立三级科技特派员协同协作机制,发挥省级科技特派员对市、县级科技特派员的培训和带动作用,鼓励和支持三级科技特派员之间组成团队科技特派员,建立利益共同体,联合开展创业和技术服务工作。建设省级科技特派员工作站,鼓励设区市建立市级科技特派员工作站,符合条件的可申请认定为省级工作站。

(五)建立省级科技特派员分类服务管理新机制。对在乡村创业或提供技术服务达到一定工作时间要求,或到我省对口支援省区开展技术帮扶援助的科技人员,优先选认为省级科技特派员。选认后每年考核一次,对年度考核表现好、业绩突出且所在单位同意继续派出、服务对象同意继续接收的,延长选认期,按规定享受年度工作经费补助等扶持政策。对创业或技术服务范围不在乡村和基层一线的科技人员,按需选认为省级科技特派员。主持承担产业企业参与合作的省级科技计划项目的科技人员,可直接选认为省级科技特派员,结合项目实施开展技术帮扶工作。

### 三、落实科技特派员利益共同体支持政策

（六）建立科技特派员利益共同体和科技特派员收入备案制度。国有企事业单位专业技术和管理人员被选认为科技特派员后，经所在单位批准，可与服务对象合作结成利益共同体，报省、设区市科技特派员联席会议办公室分别备案。科技特派员在兼职服务期间领取服务对象给予的合法报酬或从利益共同体获得的合法收益，归科技特派员个人所有，不受所在单位绩效工资总量限制，不计入单位绩效工资总量。科技特派员个人须如实将兼职收入报所在单位备案，按有关规定缴纳个人所得税。

（七）完善利益共同体扶持政策。鼓励科技特派员采取技术转移方式建立利益共同体，按规定享受相关扶持政策。省级科技特派员参与的利益共同体列入后补助项目申报范围并予以优先支持；利益共同体申报省级科技计划项目，评审时予以加分支持。对依托科技型企业建立的利益共同体，符合条件的，通过"科技贷"予以优先支持。鼓励各级政府按照利益共同体对当地经济社会发展所做贡献给予奖励。

（八）保障利益共同体健康可持续发展。国有企事业单位科技人员担任科技特派员服务期满后，在利益共同体所持股份不受身份改变等因素影响，向所在单位报告后，可依法依规继续持有股份，确保利益共同体持续稳定发展。

### 四、建立健全让科技特派员"把论文写在田野大地上"的激励机制

（九）支持科技特派员乡村创业。鼓励和支持科技特派员深入乡村开展创业和技术服务，带领农民创办、领办、协办科技型企业、科技服务实体或合作组织。鼓励各级政府以设立风险补偿金、贷款贴息补助等方式，支持各类金融机构设立"科特贷"。将绩效突出的科技特派员创业项目纳入科技特派员后补助、创业补贴等范围。属于事业单位的科技特派员创业期间按规定享受相应的人事关系、职务、工资、奖金、福利等方面的优惠政策。

（十）完善科技特派员职称评审政策。对具有科技特派员工作经历

的农业等专业人才,在同等条件下予以优先评聘。对服务基层一线的科技特派员,在职称评审方面适当放宽学历、论文、科研项目等条件,重点评价和衡量品德、能力及服务乡村振兴工作业绩和实际贡献。科技特派员主持研发的科技成果技术转让成交额、承担横向科研项目获得的经费、创办企业所缴纳的税收等视同纵向项目经费,发明专利转化应用情况作为职称评审的业绩依据,省科技特派员后补助项目与省级科技计划项目同等对待。对贡献突出的科技特派员,可按规定破格评定相应专业技术职称。

(十一)完善科技特派员岗位聘任。到基层一线服务的国有企事业单位科技特派员,保留原职务职级,岗位晋升与所在单位在职人员同等对待,选派期间工作业绩作为其职称评审、岗位聘任、考核奖励的主要依据。对业绩突出的科技特派员,所在单位可按照有关规定在岗位竞聘时予以倾斜。有条件的事业单位,可按照国家有关规定将基层服务经历作为农业等专业技术人员岗位晋级的重要条件之一。到基层一线离岗创业的科研人员应与原单位签订最长不超过3年的离岗创业协议,期满可按规定续签一次,在同一事业单位累计离岗创业时间不超过6年。

(十二)完善科技特派员考核评价。探索科技特派员业绩积分量化考核,实行动态管理,建立健全考核评价和退出机制。在基层一线常驻服务超过半年的省级科技特派员年度考核实行单列,其优秀档次比例控制在参加考核总人数的30%以内,不占所在单位和接收单位所在市、县(区)的优秀档次比例和名额。年度考核优秀的科技特派员,由所在单位按规定给予奖励。

(十三)强化科技成果转移转化激励。鼓励支持科技特派员将职务科技成果、专利优先优惠转让给所创办或服务的企业。对于接受企业、其他社会组织委托的横向项目,允许科技特派员和所在单位通过合同约定知识产权使用权和转化收益,探索赋予科技特派员职务科技成果所有权或长期使用权。科技特派员(团队)、主要贡献人员、担任领导职务人员职务科技成果转化收益分配或奖励,按现行政策执行。

（十四）优化科技特派员工作保障。省级科技特派员作为项目负责人申报省级科技项目计划，享受评审加分待遇。对选认的省级科技特派员工作经费补助，既可选择按科技特派员专项资金管理办法报销，也可选择按50%实行年度包干。包干经费用于交通、通讯和生活津贴补助，其余费用按规定报销。选认后在工作时间、表现和业绩等方面符合要求的省级科技特派员可直接领取包干经费，省属单位省级科技特派员由省科技厅会同派出单位审核，设区市以下省级科技特派员由设区市科技管理部门会同派出单位审核。

**五、创新科技特派员精准对接和全链服务工作机制**

（十五）推广应用"掌上科特派"。完善福建省科技特派员服务云平台建设，推动省、市、县三级科技特派员协同选认和管理共享，通过云平台的手机移动终端APP、微信公众号、微信小程序发布科技成果，提供精准、远程、动态服务。省、市、县三级科技、农业农村（乡村振兴）、工信、林业、海洋渔业等部门负责定期征集汇总农户和企业技术需求信息，及时通过云平台发布，加强供需对接，构建起覆盖全省、面向"三农"、基于"互联网+"的新型农村科技服务体系。

（十六）引入科技成果转化中介服务。发挥中介服务机构市场化、社会化、专业化等优势，促进科技特派员技术服务供给与需求的精准对接，促成科技成果转化落地。对做出突出成绩的中介服务机构，每年从科技特派员专项资金中给予一定奖励。对科技中介服务机构在乡村创办的星创天地，优先纳入科技特派员后补助范围。

（十七）构建全产业链服务新格局。鼓励支持科技特派员组建团队开展跨专业、跨领域、跨区域的全方位创业和技术服务。研究细化对团队科技特派员的支持办法，逐步加大团队科技特派员选认比例和支持力度。聚焦创新驱动、乡村振兴和产业转型升级，助力一二三产业快速发展、深度融合，建设科技特派员助力产业融合发展工作点，纳入科技特派员后补助范围，推进科技特派员服务领域跨界协同、一二三产业全覆盖。

### 六、强化组织保障

(十八)完善组织领导体系。加强党对科技特派员工作的领导,构建党委领导、政府主导、部门联合、各方参与的科技特派员工作格局,进一步完善省、市、县科技特派员工作联席会议制度。各县(市、区)、各乡镇加强科技特派员工作体系建设,依托乡村振兴中心等机构加强对科技特派员的管理和服务,确保科技特派员政策在"最后一公里"得到落实。

(十九)完善工作落实机制。各级各有关部门要结合实际改革创新,抓紧研究制定贯彻落实措施。省科技特派员工作联席会议办公室要强化督促指导,适时开展工作评估。

(二十)完善多元投入机制。各级财政在保持原有财政投入资金规模基础上,持续加大对科技特派员工作的投入。充分发挥科技型中小企业信贷风险补偿专项资金作用,鼓励支持银行、创投公司、风投基金、保险公司等金融机构创新开发金融产品,支持南平市开展科技特派员金融创新试点,积极对接科技特派员及其服务对象的融资需求。

(二十一)加大宣传推广。深入挖掘和宣传科技特派员先进典型,强化示范引领。依托各级科技特派员服务云平台,向通过选认程序的科技特派员颁发证书;鼓励各市、县(区)通过星级评分等形式,对优秀科技特派员予以通报表扬,激励更多科技人员投身乡村振兴事业。支持南平市争创国家科技特派员培训基地,扩大科技特派员制度辐射面、影响力。

## ▶ 附录三　陕西省科技特派员政策

**文件名称:陕西省科技厅等十三部门《关于印发〈陕西省深入推行科技特派员制度实施方案〉的通知》(陕科发〔2020〕7号)**

科技特派员制度是习近平总书记在福建工作时深入总结基层经验、科学深化提升、大力倡导推动的一项十分重要的农村工作机制创新。

2019年10月,习近平总书记对科技特派员制度推行20周年做出重要指示强调,科技创新是乡村全面振兴的重要支撑,要坚持把科技特派员制度作为科技创新人才服务乡村振兴的重要工作进一步抓实抓好,广大科技特派员要秉持初心,在科技助力脱贫攻坚和乡村振兴中不断做出新的更大的贡献。习近平总书记对科技特派员制度推行20周年做出的重要指示精神,是新时代深入推行科技特派员制度的根本遵循和行动指南。各级各有关部门要深入学习贯彻习近平总书记的重要指示精神,以高度的政治自觉、思想自觉、行动自觉,更加扎实有效地做好科技特派员工作。

## 一、总体目标

自2020年至2025年,逐步完善陕西省科技特派员服务体系,充分利用信息化平台,实现科技特派员工作跨越式发展。壮大科技特派员队伍,扩展服务领域,创新服务模式,提升服务水平,培养国际化科技特派员;完善省级科技特派员产业技术服务团,提升省级团队产业技术服务的模范带头作用;指导市县培养一批科技创新创业人才,培育一批新型农业经营主体,转化推广一批适用科技成果,带领一方农民致富,培育一批高新技术企业;形成政府引导、市场驱动、各方参与、特色鲜明的科技特派员创新创业驱动县域经济发展新格局。

## 二、重点任务

(1)搭建全省统一的信息化管理服务平台。优化科技特派员申报和认定流程,建立陕西省科技特派员服务与管理系统,搭建科技特派员全程便利化服务平台,实现科技特派员申报、审核、认定等在线管理。

(2)壮大科技特派员队伍。围绕我省"3+X"产业发展和乡村振兴的科技需求,扩大科技特派员选派范围,从以农业领域为主,向工业、服务业等领域拓展,从生产向加工、检测、流通、销售等各环节各层面拓展,从本省向省外乃至境外拓展。充分发挥高校、科研院所、农技推广等单位的人才资源优势,动员包括农业、科技、教育、人力资源、金融、信息等各方面人才加入科技特派员队伍。建立科技特派员人才库,2020年,13个

省级部门联合认定1 000名省级科技特派员;到2025年,全省入库科技特派员总数突破10 000名。

(3)发挥退休专家和外国专家作用。在退休专家和外国专家中认定一批科技特派员,支持退休专家和外国专家开展技术推广、成果转化、建言献策、技术咨询等科技服务。支持退休专家和外国专家与基层联合申报科技项目、开展课题研究。

(4)支持科技特派员组团服务。鼓励科技特派员按照产业发展需求,瞄准产业链全过程开展服务,整合科技人才资源,促进创业和技术服务向研发、生产、加工、检测、流通、销售等全产业链条延伸覆盖,构建科技特派员全产业链服务体系。

(5)创新服务对接模式。各级科技管理部门和反向科技特派员收集和汇总基层农户、企业等经营主体对科技服务和科技成果的需求信息,各级科技特派员提供新技术、新成果、市场动态等方面的信息,均通过陕西省科技特派员服务与管理系统发布,形成"需求导向、市场选择、政府服务"的市场化科技特派员服务模式。

(6)支持法人科技特派员开展服务。鼓励高校、科研院所、企业等作为法人科技特派员与基层单位建立产学研用合作关系,引导各类科技资源向基层流动。支持法人科技特派员围绕基层主导和特色产业开展技术研发、技术推广、成果转化和培训服务。

(7)打造杨凌"一带一路"科技特派员高地。依托杨凌农业高新技术产业示范区、西北农林科技大学的科技资源和人才优势,把杨凌打造成我省科技特派员"引进来、走出去"双向交流的窗口和"一带一路"国家科技特派员国际交流合作高地。

**三、省级科技特派员的职责和认定条件**

我省科技特派员分为自然人科技特派员、法人科技特派员和反向科技特派员。自然人科技特派员和法人科技特派员是指由科技管理部门联合其他相关部门按照一定程序从大专院校、科研院所、企事业等单位选派,深入基层开展创新创业及技术服务的科技人员和单位。反向科技特派员是由各市及相关部门推荐,面向基层市场主体,开展技术需求征集、科研成果对接,推动创新成果向基层转移转化的工作人员。

(一)科技特派员职责任务

1.自然人科技特派员和法人科技特派员的职责任务

(1)开展技术引进和成果推广,按照市场需求和农民实际需要,引进和推广新品种、新技术、新模式、新产品,带着农民干,做给农民看,领着农民赚。

(2)提升企业自主创新能力,根据企业技术需求,协助制定技术发展战略,参与企业研发,解决企业生产和新产品研发中的技术问题,提升企业产品竞争力,开展产学研合作,促成企业与高校、科研院所共建创新平台,建立长效合作机制。

(3)开展创新创业活动,通过技术入股、资金入股、技术承包或租赁经营等多种形式,创办、领办、协办企业、合作社、协会、中介机构等,与基层企业和农民建立利益共同体。

(4)开展政策宣传和技术培训活动,根据基层现状、特点以及实际需求,开展政策宣传,进行相关技术培训,培养基层技术骨干。

2.反向科技特派员职责任务

征集基层技术需求,发布技术难题,联系高校、科研院所及企业,开展技术需求与科研成果的匹配对接,促进成果在基层落地转化。

(二)科技特派员认定条件

1.自然人科技特派员

身体健康,热心科技创新创业工作,具有到基层开展服务、带动农民致富和企业发展的意愿;具有副高级以上或5年以上中级技术职称。有丰富的基层科技服务经验,对地方产业发展做出突出贡献的。条件可适当放宽;至少掌握一门以上专业技术,具有良好的知识传授、信息传播和综合协调能力,能够运用多种手段、途径传播和推广新技术、新成果。

2.法人科技特派员

具有独立法人资格的企业、事业和社会团体等单位,自愿从事基层科技服务工作;具有从事科技成果转化、产业开发、信息服务及全产业链增值服务的基本条件;具备一定的科研能力,有开展科技服务的人才队伍;具有良好的行业影响力和社会声誉,无不良记录。

3.反向科技特派员

了解基层产业发展情况和企业生产、研发、产品、市场与技术需求情况,了解全省科技资源分布情况,有丰富的基层科技服务经验。

**四、支持政策**

(1)切实落实科技特派员优惠政策。普通高校、科研院所、职业学校等事业单位科技特派员下派开展农村科技公益服务的,在5年时间内岗位、编制等均保持不变,工资、奖金、福利等待遇不变,由派出单位发放,其工作业绩作为其职称评审的重要依据,在同等条件下优先晋升职称。对深入农村开展科技创业的,在5年时间内保留其人事关系,与原单位其他在岗人员同等享有参加职称评聘、岗位等级晋升和社会保险等方面的权利,期满后可以根据本人意愿选择辞职创业或回原单位工作。

(3)支持科技特派员与服务主体建立利益共同体。鼓励科技特派员以资金、科技成果和知识产权、技术服务等形式入股,到基层领办、创办、协办专业合作社及企业。支持高校、科研院所和企业通过许可、转让、技术入股等方式支持科技特派员转化科技成果,开展科技创业,保障科技特派员取得合法收益。对反向科技特派员促成科技成果在地方企业转化的项目,加大经费支持力度并予优先支持。对反向科技特派员促成的技企合作项目,省科技成果转化引导基金予以优先支持。

(3)鼓励科技特派员长期在基层服务。科技特派员在基层服务时间视同基层工作经历,在基层服务期间从事本专业工作取得的科技成果和业绩,可以作为职称评定、岗位等级晋升等方面的依据。

(4)鼓励科技特派员把论文"写在祖国大地上"。服务基层期间取得的科技成果,在参加科技成果评奖时,同等条件下优先考虑。科技特派员申报的科研项目同等条件下予以优先支持。

(5)推行陕西省科技特派员服务券。向在基层开展科技扶贫、科技培训等公益性服务的省级科技特派员发放科技特派员服务券,科技特派员可以凭券兑换服务补贴。

(6)加大对科技特派员的表彰激励。对扎根基层,长期在基层服务和做出突出贡献的科技特派员及团队、科技特派员派出单位以及相关组织管理部门等,按照规定给予表彰奖励。

### 五、组织保障

(1)建立陕西省科技特派员工作联席会议制度。省科技厅为组长单位,省委组织部、省发改委、省教育厅、省工信厅、省财政厅、省人社厅、省水利厅、省农业农村厅、省林业局、省科学院、团省委、省科协为成员单位。联席会议负责研究制定陕西省科技特派员工作的政策和措施,协调解决工作中出现的重大问题,指导、督促有关政策措施和工作任务的落实。

(2)设立陕西省科技特派员工作办公室。在省科技厅设立陕西省科技特派员工作办公室,负责全省科技特派员日常管理工作。负责牵头抓好全省科技特派员工作方案的具体实施;负责联席会议的组织、联络和协调工作;负责汇总成员单位有关工作情况,督促成员单位履行工作职责、落实联席会议决定事项;负责承办联席会议交办的其他事项。

(3)健全工作推进协调机制。省级各部门要密切沟通协作,增强部门合力,及时协调解决科技特派员工作中遇到的困难和问题,大力支持、积极推荐本系统科技人员从事科技特派员工作,明确承担科技特派员管理工作的机构和人员,确保工作有人抓、问题有人管、责任有人担。

(4)鼓励科技特派员派出单位制定配套政策。鼓励各派出单位制定支持科技特派员制度的相关政策,积极推荐合适人选担任科技特派员,并为科技特派员开展基层科技服务提供必要保障条件。

各市、县(区)相关部门要参照本方案因地制宜制定科技特派员工作

方案,鼓励市、县(区)政府对科技特派员工作给予财政支持。

# ▶ 附录四 江西省科技特派员政策

**文件名称:江西省科技厅等九部门《关于印发〈江西省科技特派员助力乡村振兴行动计划(2021−2025年)〉的通知》(赣科发农字〔2021〕89号)**

"十四五"时期是我省全面推进乡村振兴、加快农业农村现代化的重要时期,新时代新发展阶段赋予科技特派员新使命、新任务、新要求。为贯彻落实习近平总书记关于深入推行科技特派员制度的重要指示精神,进一步激发广大科技特派员的服务热情和创新创业活力,充分发挥科技特派员在乡村振兴中的重要作用,特制定本行动计划。

## 一、指导思想

以习近平新时代中国特色社会主义思想为指导,深入贯彻落实习近平总书记关于科技特派员和乡村振兴重要指示精神,以创新驱动乡村振兴为主线,以加强农业科技社会化服务体系建设为目的,完善科技特派员制度,引导多元投入,加强队伍建设,丰富组织形式,创新服务模式,建立长效机制,强化部门协同,提升组织效能和服务成效,让科技特派员切实成为党的"三农"政策的宣传队、农业科技的传播者、科技创新创业的领头羊、乡村脱贫致富的带头人,为全面推进乡村振兴和农业农村现代化提供科技和智力支撑。

## 二、主要目标

到2025年,全省科技特派员队伍更加精干,按需每年选派省级科技特派员1 000名左右,组建规模和结构更加合理的省级科技特派团150个左右,引领带动市、县、区培养本级科技特派员队伍。科技特派员制度更加完善,组织模式、评估体系、管理制度、支持措施、激励政策不断优化,政府引导、市场驱动、部门协同、上下联动的科技特派员创新创业新局面进一步形成。科技服务更加高效,培育壮大农业新型经营主体150个以上,建立科技特派员(团)创新创业和服务基地(工作站)150个左右,转化应用科技成果500项以上。

### 三、重点任务

(一)拓宽丰富科技服务内容

以农业企业、农民合作社、家庭农场、种养大户和乡镇等为服务对象,围绕我省稻米、果业、蔬菜、畜禽、水产、茶叶、中药材、油茶、竹类、香精香料、苗木花卉、森林康养、食品等产业发展的全产业链科技需求,开展农业科技政策解读咨询、技术指导培训、科技创新创业、技术难题攻关、引进科技资源等各类科技服务,不断拓展丰富创新创业和科技服务内容,服务保障粮食安全和重要农产品有效供给。顺应我省乡村优势特色产业、农产品加工、农村一二三产业深度融合发展趋势和金融服务需求,拓宽科技特派员选派专业领域,引导科技特派员创新创业服务由一产向二三产、由技术服务向科技金融服务拓展。(省科技厅、省农业农村厅、省林业局、省乡村振兴局等按职责分工负责)

(二)加强科技特派员队伍建设

完善科技特派员准入选派机制,提升科技特派员选派质量。加强科技特派员新政策、新知识、新技术等培训,适时举办培训班,提高科技特派员服务水平和服务能力。建立完善科技特派员年度绩效评价、进入与淘汰机制,强化科技特派员管理。鼓励市、县、区建立本级科技特派员队伍,建立健全省、市、县三级科技特派员体系。扩大科技特派员选派范围,将业务水平高、责任心强、具有丰富基层工作经验的企业科技人员、乡土人才、金融人才、管理人才等充实到科技特派员队伍中。根据科技需求,鼓励吸纳省外、国外优秀科技人员成为我省科技特派员。(省科技厅、省教育厅、省农业农村厅、省林业局、省委组织部及有关单位按职责分工负责)

(三)创新对接科技服务模式

按需合理精准选派个人科技特派员、科技特派团、法人科技特派员。坚持按需选派、双向选择选派个人科技特派员,以"1+N"模式,1人对接1个或多个需求主体,开展创新创业和科技服务。鼓励个人科技特派员根据某一县域某一特色产业的实际需要,整合相关科技人才资源,以"一县一产业一团"模式,跨专业、跨单位组团开展全产业链创新创业和科技服务。推行法人科技特派员模式,鼓励高校、科研院所作为法人科技特派员,与地方政府建立科技合作关系,围绕当地的优势特色产业组建多学科的技术团队,以"一县一法人"模式,开展全产业链创新创业和科技服务。(省科技厅、省教育厅、省农业农村厅、省林业局及有关单位按职责分工负责)

(四)丰富创新创业服务方式

创新揭榜式、共享式、基地式等服务方式,激发创新创业活力。以自下而上、需求导向方式,不定期收集发布科技需求信息,鼓励科技特派员自愿揭榜非协议服务对象的科技需求,开展揭榜式服务。鼓励科技特派员在符合相关规定前提下,创办、领办、协办企业、合作社等经济实体,或以科技成果和知识产权入股、技术服务和租赁经营等形式,与服务对象结成"风险共担、利益共享"的利益共同体,建立长效机制,开展共享式服务。支持科技特派员依托协议服务对象的产业基地,建立科技服务、成果转化与创新研发等创新创业和服务基地,开展基地式服务。(省科技厅、省人力资源社会保障厅、省农业农村厅、省林业局、省乡村振兴局及有关单位按职责分工负责)

(五)建设科技特派员管理服务平台

建设集政策宣传、需求征集、科技成果发布、需求对接、技术服务、绩效评价等为一体的江西省科技特派员管理与综合性服务平台,为科技特派员精准服务提供信息化支撑。引导组织科技特派员发布科技成果、需求主体发布科技需求,组织科技特派员与需求主体进行精准对接,为企业等经营主体提供"菜单式"供给、"订单式"需求科技服务。逐步丰富完善管理服务平台功能,支撑科技特派员开展远程服务、动态服务等,提升信息化管理服务水平。(省科技厅、省教育厅、省农业农村厅、省林业局、省乡村振兴局及有关单位按职责分工负责)

(六)建设创新创业服务平台载体

建立乡村振兴重点地区科技特派员科技帮扶机制,整合各级各类科技资源,支持科技特派员(团)与服务区域的经营主体或乡镇共建科技特派员(团)创新创业和服务基地(工作站),建立长效合作机制,形成多学科多领域合作、长期服务于基层的创新创业与科技服务载体。支持各级各类农业科技园区、现代农业示范园区、农业科技基地、农民专业合作社、"星创天地"等共享科技服务资源,为科技特派员创新创业与科技服务提供重要平台。(省科技厅、省人力资源社会保障厅、省农业农村厅、省林业局等按职责分工负责)

(七)健全科技特派员资金支持机制

充分发挥财政资金作用,在现有资金渠道中做好科技特派员相关工作。国家"三区"人才支持计划科技人员专项计划资金用于科技特派员到服务地的选派和科技人员的培养,统筹省级科技专项资金用于科技特派员(团)实施科技项目、选派和科技人员培养等。省级"三区"人才支持计划科技人员及科技特派员计划的选派工作经费试行包干制,主要用于交通差旅、保险等,科技项目经费择优支持科技特派员(团)开展技术攻关、科技成果转化等,科技人员培养经费主要用于开展教育培训和补助食宿等。(省财政厅、省科技厅等按职责分工负责)

(八)构建金融社会资本支持机制

建立相关部门和银行等金融机构科技特派员金融服务合作联动工作机制,联合开展银企(园区、机构)金融对接活动、培训及政策宣传,协同推动科技特派员创新创业。加强与银行等金融机构合作,创新金融服务方案和产品,探索金融与科技特派员制度融合的"科技融智+金融融资"服务合作模式,结合金融需求,对符合条件的科技特派员创办、领办、协办或对接服务的企业、合作社等经济实体,提供创业担保贷款或"科贷通"贷款等金融服务；为科技特派员对接服务的农业科技园区建设和功能升级、园区及园区企业开展智慧农业、农业信息化等项目建设，提供综合金融服务；对科技特派员与服务经济实体联合实施的种业创新、智能农机、食品加工等科技项目和科技成果转化的金融需求，提供科技成果质押贷款等金融服务。引导银行等金融机构在业务范围内加大信贷支持力度，开展科技特派员授信业务和小额贷款业务。鼓励社会资本参与科技特派员创新创业，支持具有较强自主创新能力和高增长潜力的科技特派员企业进入资本市场融资。(省科技厅、省人力资源社会保障厅、省财政厅等按职责分工负责)

**四、保障措施**

(一)加强组织领导

进一步发挥省科技厅牵头、有关部门参加的省科技特派员工作协调指导小组作用，强化部门协同，统筹推进，督促落实，形成强大工作合力。省科技厅设立省科技特派员工作办公室，负责全省科技特派员日常管理工作。各市、县、区要建立由科技部门牵头，财政、农业农村、林业、乡村振兴等相关部门参与的科技特派员工作协调推进领导小组，把推行科技特派员制度作为助力乡村振兴的重要抓手，抓好抓实。(省科技厅、省委组织部、省财政厅、省农业农村厅、省林业局、省教育厅、省人力资源社会保障厅、省乡村振兴局等按职责分工负责)

(二)健全联动机制

建立健全省、市、县上下联动的工作联动机制，各级科技管理部门和国家农业科技园区要明确负责科技特派员管理工作人员。省科技管理部门牵头抓好全省科技特派员的统筹协调、组织实施、与相关部门和派出单位协调联络等；市、县、区科技管理部门和国家农业科技园区要组织做好科技需求征集推荐、科技特派员的对接联系协调、科技特派员服务管理和绩效评价等。(省科技厅及有关单位按职责分工负责)

（三）配套落实各项政策

全面落实《国务院办公厅关于深入推行科技特派员制度的若干意见》《人力资源社会保障部关于进一步支持和鼓励事业单位科研人员创新创业的指导意见》《科技部 中国农业银行关于加强现代农业科技金融服务创新支撑乡村振兴战略实施的意见》《江西省人民政府办公厅关于深入推行科技特派员制度的实施意见》《江西省鼓励科技人员创新创业的若干规定》等文件精神，进一步落实科技特派员职称职务晋升优先、科技人员离岗创办企业、兼职创新、在职创办企业、参与项目合作，以及金融、社会资本等多元化支持政策。鼓励各派出单位出台实施细则、配套政策，为创新创业和科技服务提供必要保障。（省教育厅、省科技厅、省人力资源社会保障厅及有关单位按职责分工负责）

（四）强化激励引导

把科技特派员纳入科技人才工作体系筹部署，进一步拓宽科技特派员来源渠道。推动普通高校、科研院所、职业院校设置一定比例的推广教授、推广研究员岗位，并把科技服务业绩作为职称评聘和工作考核的重要内容，引导更多的科技人员加入科技特派员队伍。各相关单位在劳动模范、先进工作者等各级各类评优工作中，对工作成效突出的科技特派员给予优先推荐。（省委组织部、省人力资源社会保障厅、省教育厅、省科技厅及有关单位按职责分工负责）

（五）营造良好氛围

充分利用各级传统媒体与新媒体平台，广泛宣传科技特派员扎根农村基层一线创新创业与科技服务、带领农民群众增收致富的典型案例和先进事迹，引导更多的科技人员、企业和机构积极投身乡村振兴服务，形成全社会关注、支持科技特派员的良好氛围。对做出突出贡献的科技特派员（团）及组织管理服务机构，按国家和我省有关规定予以表彰或奖励。（省科技厅、省人力资源社会保障厅、省教育厅、省农业农村厅、省林业局、省乡村振兴局及有关单位按职责分工负责）

## ▶ 附录五　河南省科技特派员政策

**文件名称:河南省科技厅等五部门《关于印发〈河南省科技特派员助力乡村振兴五年行动计划〉的通知》(豫科〔2021〕174号)**

"十四五"时期是乡村振兴战略的发力期,是农村全面小康后向全面实施乡村振兴战略转变的关键期。为深入学习贯彻习近平总书记关于科技特派员工作的重要指示精神,全面落实《中共中央办公厅 国务院办公厅关于加快推进乡村人才振兴的意见》及《河南省人民政府办公厅关于深入推行科技特派员制度的实施意见》等文件精神,充分发挥科技人才在实施乡村振兴战略中的重要作用,全力打造具有河南特色的科技特派员制度升级版,现结合我省实际,制定如下行动计划。

**一、总体要求**

(一)指导思想

科技特派员制度是习近平总书记总结提升、倡导推进的一项十分重要的农村工作机制创新。2019年10月,习近平总书记对科技特派员制度推行20周年作出重要指示指出,科技特派员制度推行20年来,坚持人才下沉、科技下乡、服务"三农",队伍不断壮大,成为党的"三农"政策的宣传队、农业科技的传播者、科技创新创业的领头羊、乡村脱贫致富的带头人,使广大农民有了更多获得感、幸福感。习近平总书记强调,要坚持把科技特派员制度作为科技创新人才服务乡村振兴的重要工作进一步抓实抓好,广大科技特派员要秉持初心,在科技助力脱贫攻坚和乡村振兴中不断做出新的更大的贡献。

坚持以习近平总书记关于科技特派员制度的重要指示为根本遵循和行动指南,深入实施创新驱动发展战略,认真落实党中央、国务院和省委、省政府决策部署,坚持把科技特派员制度作为实施乡村振兴战略的有力抓手,作为巩固拓展脱贫攻坚成果的具体举措,做强科技特派员队伍,做优科技特派员服务载体,创新科技特派员服务形式,完善科技特派员工作激励机制,推动新时代科技特派员工作不断走深走实。

(二)基本原则

1.坚持改革创新、突出农村创业。面对新时代、新形势、新要求,立足服务"三农",助力乡村振兴,不断深化改革,加强体制机制创新,总结经验,与时俱进,加大创业政策扶持力度,培育农村创业主体,构建创业服务平台,强化科技金融结合,激发农村创新活力和创造潜能。

2.加强分类指导、尊重基层首创。发挥各级政府以及群团组织、社会组织作用,对公益服务、农村创业等不同类型科技特派员实行分类指导,提升其创业能力和服务水平。鼓励地方探索不同科技服务的途径和方式,建立完善适应当地实际情况的科技特派员工作投入、保障、激励和管理等机制。

3.瞄准基层需求、强化精准服务。坚持自愿互利、双向选择,实行按需选派、靶向服务。县(市、区,以下简称"县")负责收集基层科技需求,省、市、县结合科研团队、科技人员、乡土人才等专业特长、实践经验针对性选派,科技特派员结合受援县、受援单位实际需求开展精准服务。

(三)主要目标

以全省高等院校、科研院所和参与技术推广服务的企事业单位为主,整合科技创新资源和力量,按照"产业组团、县级组队、服务到点、统筹调度"的组织形式,面向全省,突出乡村振兴重点帮扶县,实施科技特派员助力乡村振兴五年行动计划:从2021年至2025年,围绕县域主导产业需求,每年选派60个左右省产业科技特派员服务团,带动全省各级产业科技特派员服务团总数达到100个以上;围绕县域基层科技需求,每年选派1 000名以上省派科技特派员,带动全省各级科技特派员总数稳定在5 000名以上;依托全省科技特派员,为每个县(市)组建1个县级科技特派员服务队,建设1个科技特派员工作站,引进推广新品种、新技术、新机具、新产品等科技成果5 000项以上,服务带动农民100万人次以上,基

本实现科技特派员科技服务区域特色产业全覆盖,基本形成部门协作、上下联动、特色鲜明的科技特派员助力乡村振兴发展的新格局。

(四)服务周期

科技特派员服务周期原则上为5年。根据年度履职情况、科技特派员意愿、受援县(市)和受援对象需求,每年适时进行部分调整。

**二、重点任务**

(一)提升农业农村科技支撑水平

针对县域和农村发展需求,围绕科技特派员创业和服务过程中的关键环节,引导各级政府和社会力量加大投入力度,积极推进农业农村科技创新,在良种培育、新型肥药、加工贮存、畜牧水产养殖、林业花卉、疫病防控、设施农业、农业物联网和装备智能化、土壤改良、节粮减损、食品安全、农业高效节水以及乡村旅游、休闲农业、创意农业、功能农业等方面取得一批新品种、新技术、新产品、新模式,形成系列化、标准化的农业农村技术成果包,加快科技成果转化推广和产业化,为科技特派员开展科技服务和基层创业提供技术支撑。

(二)加快构建新型农业科技服务体系

以政府购买公益性农业技术服务为引导,加快构建公益性与经营性相结合、专项服务与综合服务相协调的新型农业社会化科技服务体系,探索"公益性服务+社会化服务"的科技服务长效机制,推动解决农技服务"最后一公里"问题。充分发挥科技特派员的桥梁纽带作用,支持高校、科研院所创新农业科技服务方式,与地方共建乡村振兴科技示范基地、乡村振兴发展研究院、农业科技专家大院、乡村振兴人才培养基地等科技服务载体,面向农村开展技术服务。支持科技特派员创办、领办、协办专业合作社、专业技术协会、家庭农场和涉农企业等,围绕农业全产业链开展技术服务和创业指导,培育壮大新型农业经营主体。

(三)推进脱贫攻坚与乡村振兴有效衔接

瞄准脱贫地区存在的科技和人才短板,创新服务理念,鼓励科技特派员开展全产业链、全方位精准化服务,加快科技、人才、管理、信息、资本等现代生产要素注入,推动解决产业发展关键技术难题,增强脱贫地区创新创业和自我发展能力,加快全面乡村振兴进程。支持科技特派员协助市、县编制乡村振兴发展规划、产业发展规划,建立科技示范基地,集聚科技资源,推进区域特色产业创新发展。鼓励科技特派员依托乡村特色人文资源、生态资源、观光农业、水利风景区、田园综合体等,开发特色民宿、乡村旅游、休闲度假等服务业,加快乡村振兴发展。支持科技特派员通过搭建电商平台、直播带货等方式,宣传、推广、销售优质农产品,拓宽农产品销售市场。

### 三、组织形式

#### (一)产业组团

根据全省乡村振兴示范引领县、整体推进县、巩固提升县主导产业发展的科技需求,按专业领域,组建60个左右省产业科技特派员服务团(以下简称"科技特派员服务团"),每团10人左右,围绕全产业链组建,采取"1+N"模式,即每个科技特派员服务团与1个及以上有相关产业发展科技需求的县签订服务协议,在全省范围内开展工作。由科技特派员服务团所在单位分管领导(或产业专家)和签约县领导担任团长,签约县科技管理部门负责人牵头具体联络,统筹协调科技特派员服务团的工作。科技特派员服务团要在重点服务对象树立"河南省产业科技特派员服务团服务基地"标牌,并留有联系人、联系方式,确保联系方式畅通。鼓励市、县结合当地实际情况组建本级科技特派员服务团,作为省科技特派员服务团的有效补充,不断扩大对区域特色主导产业的覆盖面。

#### (二)县级组队

由各县将派往本县的省、市、县三级科技特派员联合组成县级科技特派员服务队(以下简称"科技特派员服务队"),由县级领导担任队长(签约县由担任服务团团长的领导任队长),并配备副队长和联络员。服务队重点面向本地的产业需求开展科技服务。各县应建立科技特派员工作站,常态化收集本地产业发展的技术需求,与科技特派员进行反馈对接,并悬挂"河南省科技特派员工作站"牌子。服务队要在所有受援对象挂牌标明"河南省科技特派员服务队",并留有服务队的联系方式,确保联系方式畅通。科技特派员服务时要佩戴"河南省科技特派员"胸牌并表明身份,便于群众识别、咨询、监督,培训时横幅上要有"河南省科技特派员专题培训"字样。

(三)服务到点

科技特派员服务团、科技特派员服务队应与受援县的服务对象逐一对接,共同研究制定科技服务计划,明确服务范围、服务内容、服务方式、服务时间等。充分发挥科技特派员在技术、信息等方面的优势,重点指导帮扶一批专业合作社、家庭农(林)场、种养大户等;围绕产业链条,建设一批科技示范基地;通过"传、帮、带、扶",培养一批科技致富带头人和青年农(林)场主,打造一支扎根基层的乡村振兴人才队伍;发展一批农村电商和"互联网+"农业,增强县域产业可持续发展能力,带动农民增收致富。

(四)统筹调度

科技特派员服务队自身力量不能满足本地产业科技发展需要的,可向对应的科技特派员服务团提出需求,由团长负责协调本团的科技特派员给予支持,或向相关科技特派员派出单位、上级科技特派员工作管理部门提出需求,予以协调解决。

**四、政策措施**

(一)壮大科技特派员队伍

1. 拓宽科技特派员渠道。围绕各县主导产业发展和乡村振兴的科技需求,扩大科技特派员选派范围,从以农业领域为主,向工业、服务业等领域拓展,从生产向加工、检测、流通、销售等全产业链延伸,实现科技服务领域覆盖一二三产业,促进一二三产业深度融合。充分发挥高校、科研院所、农技推广等单位的人才资源优势,动员包括农业、科技、信息、环保、文旅等各方面人才加入科技特派员队伍。鼓励有条件的高等院校、科研院所设立本级科技特派员,统一纳入科技特派员队伍管理,相关经费及绩效评价由本单位自行统筹。

2. 精准选派科技特派员。根据各县征集的产业科技需求,按照双向选择、按需确认的原则,省、市、县三级联动,分级选派科技特派员,精准对接产业科技需求,并向乡村振兴重点帮扶县、大别山革命老区予以倾斜。聚焦县域主导产业发展需求,建立科技特派员与主导产业对接服务机制,按照"一县一团""一团多县"的方式,持续选派科技特派员服务团,实现对全省区域优势特色产业科技服务全覆盖。原则上省、市、县三级科技特派员不重复支持。

3. 加强科技特派员教育培训。利用科技特派员创业培训基地、科普传播基地、星创天地等培训资源,结合高校院所以及社会力量,通过提供科技资料、创业辅导、技能培训、现场观摩等形式,提高科技特派员创业和服务的能力。充分利用网络信息化手段,开展方便、快捷、高效的在线学习与培训工作。发挥优秀科技特派员传、帮、带的作用,推动科技特派员群体整体能力的提升。

(二)创新管理方式

1. 鼓励探索创新。以鼓励创新、包容审慎的态度,支持市(县)相关管理部门、科技特派员派出单位创新科技特派员选派、管理、激励和服务模式,充分形成有利于科技特派员创新创业的政策环境。建立行政容错免责机制,在改革创新、先行先试的过程中,针对客观上由于不可抗力、难以预见等因素,导致未达到预期效果、造成不良影响和损失的行为或失误,给予容错免责。

2. 加强跟踪管理。科技特派员在服务期间,接受所在单位、受援地的共同管理。受援地相关管理部门要明确专人负责做好联系沟通和服务管理工作,及时跟踪了解科技特派员履行职责情况,积极帮助解决实际困难;科技特派员所在单位要大力支持他们开展工作,提供必要的后勤保障和技术支持,确保其有参与服务的必要时间和精力,并指导督促其用心服务、深入服务;受援对象要积极配合科技特派员开展服务并创造必要条件。

3. 注重服务实效。省派科技特派员每年原则上开展实地科技服务的总天数不少于30天或年服务总次数不少于12次。科技特派员服务团认真落实签约服务协议,积极主动、创新服务,培育壮大县域主导产业发展。市派、县派科技特派员要扎根基层,主动作为,加强服务,积极投入本地乡村振兴主战场,将大部分时间和精力用于开展科技服务工作。

4. 加强绩效评价。根据不同对象工作要求,重点从组织领导、工作履职、服务绩效、服务对象满意度、宣传报道等方面开展绩效评价。省科技特派员服务团、受援县由受援县所在省辖市评价。各级科技特派员由受援县评价。科技特派员派出单位、省辖市科技特派员工作由省科技特派员工作领导小组评价。评价结果分为"优秀、良好、合格、不合格"四个档次。其中"优秀"档次不超过总数的15%。"优秀、良好"档次的科技特派员优先予以续聘,"不合格"档次的予以调整退出,并在一定范围内向社会公布。对获评"优秀"档次的统一颁发证书。

(三)完善经费政策

1. 保障工作经费。科技特派员的省级工作经费统筹省科技厅现有预算资金解决。省派产业科技特派员服务团服务1~3个县,每团每年支持工作经费20万~40万元,省派科技特派员的工作经费每人每年支持2万元(含国家"三区"人才支持经费)。市级科技特派员工作经费由市财政统筹解决。县派科技特派员每人每年支持1万元工作经费,其中乡村振兴巩固提升县由省财政全额支付,乡村振兴示范引领县、乡村振兴整体推进县由省财政和县财政各支付0.5万元。科技特派员开展服务期间,不得以科技特派员身份向指定受援对象收取课酬、咨询费等额外费用。

2. 明确支出范围。科技特派员工作经费主要用于支付选派对象到受援地的工作补助、交通差旅费用、培训费用、保险费用和实际服务中产生的资料费、材料费、检测费、车辆燃油费、过桥过路费等。各单位对所选派科技特派员的经费使用做好监管,确保支出合理,任何单位不得截留和挪用。主管部门将委托有关机构不定期对经费使用情况开展检查,确保经费使用合规合理。在聘期内,所在单位负责为科技特派员购买人身意外伤害险,也可从科技特派员经费中支出。

(四)健全激励措施

1. 加大激励力度。对评为优秀的科技特派员申报省级科技计划项目时实行绿色通道制度,不受名额限制,并作为其所在单位年度考核评优的重要参考。支持优秀产业科技特派员服务团承担科技计划项目,围绕产业发展中的瓶颈问题开展科技攻关。在科技特派员评聘职称时,淡化或不做论文要求,侧重考察其工作实绩。鼓励科技特派员派出单位制定出台科技特派员作为省级课题并享受职称加分、科技特派员开展科技服务抵扣教学任务、提供一定比例的配套经费等激励举措。

2. 允许兼职取酬。鼓励高等院校、科研院所通过许可、转让、技术入股等方式支持科技特派员转化科技成果,开展农村科技创业,保障科技特派员取得合法收益。高校、科研院所将科技成果以技术转让或许可方式实施转化所得净收入,科技特派员研发团队可按不低于70%的比例取得。

3. 支持带头创业。鼓励科技特派员在符合相关规定前提下,创办、领办、协办企业、合作社等经济实体,或以科技成果和知识产权入股、技术服务和租赁经营等形式,与服务对象结成"风险共担、利益共享"的利益共同体。加强各类科技计划、人才项目对科技特派员创业的集成支持,在研发费用加计扣除、研发费用补贴、高新技术企业税收优惠、高新技术企业配套奖补、"科技贷"等方面对科技特派员创业提供科技政策保障。依托星创天地、众创空间等创业平台,降低科技特派员创业门槛,提供创业服务支撑。

4. 鼓励离岗创业。对事业单位深入农村开展科技创业且符合离岗创业规定条件的人员,离岗期间保留人事关系,与其他在岗人员等同享参加职称评审、岗位等级晋升和社会保险等方面的权利,期满后自主选择返回原单位工作或与原单位解聘。

**五、组织实施**

(一)加强组织领导

着力发挥科技特派员工作领导小组作用,加强顶层设计、统筹协调和政策配套,强化部门协同,上下联动,共同推进科技特派员工作,形成强大工作合力。将科技特派员工作开展情况纳入省实施乡村振兴战略实绩考核指标体系。各地要将科技特派员工作作为加强县域科技工作、巩固脱贫攻坚成果、全面推进乡村振兴的重要抓手,建立健全多部门联合推进机制,结合实际制定本地推动科技特派员助力乡村振兴的政策措施,抓好督查落实。

(二)加大资金支持

鼓励各地整合财政资金,统筹用于科技特派员工作、科技特派员创新创业载体建设等。鼓励金融机构对科技特派员创新创业加大信贷支持,开展授信业务和小额贷款业务。通过引进创投等方式,吸引社会资金参与科技特派员创新创业,形成多元化的科技特派员创新创业融资机制。

(三)强化宣传引导

充分利用各类媒体,大力宣传科技特派员典型事迹和奉献精神,引导更多的科技特派员扎根基层创新创业。相关部门在劳动模范、先进工作者等各级各类评奖评优工作中,对工作成效突出的科技特派员给予优先推荐。对作出突出成绩的优秀科技特派员及团队、科技特派员派出单位以及相关组织管理机构等,按照有关规定予以表彰和通报表扬。

### ▶ 附录六　湖北省科技特派员政策

**文件名称:湖北省科技厅《关于印发〈湖北省万名科技特派员助力乡村振兴行动方案〉的通知》(鄂科技发农〔2022〕10号)**

科技特派员制度是由习近平总书记亲自总结提升的农村工作重大机制创新。为深入贯彻习近平总书记关于科技特派员工作重要指示,落实《中共湖北省委湖北省人民政府关于做好2022年全面推进乡村振兴重要工作的意见》,选派万名科技特派员(含"三区"科技人才)服务乡村振兴,特制定本行动方案。

## 一、总体要求

(一)指导思想。以习近平新时代中国特色社会主义思想为指导,深入推进创新驱动发展和乡村振兴战略实施,坚持把科技特派员制度作为科技创新人才服务乡村振兴的重要抓手,系统联动、协同推进,不断加大选派力度、改进服务方式、强化保障机制,以更加有力的举措引导广大科技特派员秉持初心,在科技助力乡村振兴中不断做出新的更大贡献。

(二)基本原则。一是上下联动,协同推进。按照总体统筹、定向选派、分级管理的原则,充分发挥各级科技管理部门作用,形成部门协作、上下联动、同步推进、特色鲜明的科技特派员助力乡村振兴新格局。二是双向选择,精准对接,市县两级科技管理部门负责收集基层科技需求,科技人员结合自身特点深入对接基层技术需求,受援县、受援单位精准选择科技人员。三是产业引领,助力振兴。立足科技服务"三农",助力乡村振兴,围绕县域优势特色产业,促进科技、人才、资金等现代生产要素向县域流动。

(三)主要目标。全省选派科技特派员总数10 000人,服务企业、合作社、家庭农场等各类经营主体(以下简称"经济实体")突破10 000家。服务范围实现全省17个市(州)、103个县(市、区全覆盖,全省农业科技园区、乡村振兴科技创新示范基地、星创天地等创新平台全覆盖,全省十大重点农业产业和区域优势特色产业全覆盖。完成科技特派员领办、创办及协办企业1 000家以上,建立科技特派员工作站和工作室500个以上,协助200家星创天地进行专业化升级;引进推广新品种、新技术、新机具、新产品等科技成果2 000项,直接服务、带动农民40万人次以上,助力乡村全面振兴和县域经济高质量发展。

## 二、重点任务

(一)壮大科技特派员服务队伍。拓展科技特派员选认专业领域。打破行业、地域、身份等限制,不拘一格选认科技特派员;引导科技特派员由原单一农业种植养殖向乡村振兴全产业链生产性服务业拓展,实现技术服务领域覆盖一二三产业,促进一二三产业深度融合。拓宽科技特派员选认渠道。加强以高校、科研院所、农技推广机构、科技信息服务与科技成果转化机构等企事业单位选派力度,围绕重点产业和区域,深入企业和各类经营主体,开展科技服务,引领支撑农业产业和区域经济发展。将"三区"科技人才服务周期由一年调整为两年,纳入省级科技特派员进行统一选派与管理。加强科技特派员队伍整体统筹。统筹省、市、县三级,每年选派10 000名科技特派员在基层开展科技服务,其中省级选派1 000名左右;市(州)选派不少于3 000名;县(市、区)选派不少于6 000名。各级科技特派员选派人数作为年度科技特派员工作的重要考核指标。

(二)优化科技特派员选派方式。探索重点项目负责人及团队委任制。在选认年度期间,对已在各级科技管理部门立项的项目负责人及项目团队,或由科技部门认定的平台提供技术支持的科研团队,各级科技特派员管理部门可委任其作为相应级别科技特派员,加强成果示范对接,强化与创新主体合作推广,将科研成果更多地应用于乡村振兴。完善往届科技特派员推荐留任制。在上届科技特派员年度考核获评优秀等次,或对服务单位作出重要贡献的个人或团队,经地方科技管理部门推荐,省级科技管理部门核准,可连任为相应级别科技特派员,进一步强化科技人员服务乡村振兴的科学性、稳定性和连续性。组织重点领域科技特派员揭榜制。各级科技管理部门精准收集基层科技人才需求,由相应科技管理部门论证遴选后统一张榜,科技人员结合自身专业和服务优势深入对接基层需求,进行双向选择,开展线上线下人才揭榜,强化人才精准对接。

(三)提升科技特派员服务质效。聚焦产业,组建核心服务团队。围绕我省十大重点农业产业链和各地区重点优势特色产业链,组建跨单位、跨专业、跨领域的服务团队,针对产业链上突出共性问题和典型科技需求,开展联合攻关和集成创新。面向区域,加大对口帮扶范围。鼓励科技特派员到乡村振兴重点帮扶县的乡村、企业开展对接帮扶,实现重点帮扶的37个县、927个乡镇、4 821个村全覆盖,重点帮助服务地区培育新型产业,壮大集体经济,辐射带动区域发展,巩固拓展脱贫攻坚成果。联系企业,形成利益共同体。鼓励科技特派员依托所在单位带技术、带项目、带资源到基层服务,以科技成果、知识产权和资金入股企业,与服务对象结成更紧密的利益共同体,实现全省科技特派员服务经济实体10 000家以上。

(四)加强科技特派员培训交流。各级科技管理部门要着眼科技人员服务能力短板和地方科技需求,每年至少组织1期科技特派员培训,组织所在辖区内服务的省、市、县三级科技特派员交流经验做法、反馈意见建议等活动,建立更加紧密的跟踪服务管理机制。省科技厅每季度组织1次科技特派员惠农下乡行活动、每月组织1期"荆楚农业科技助力乡村振兴"技术直播培训、经常性推送各类科技特派员服务的典型案例和做法,构建常态化培训交流平台。科技特派员派出单位充分利用信息化与数字化手段,开展方便、快捷、高效的线上线下学习与培训工作,提升科技特派员服务能力。广大科技特派员配合服务地区和单位加强本土人才培养,通过提供科技资料、创业辅导、技能培训、现场观摩、技术传帮带等形式,为乡村振兴培养一支不走的科技人才队伍。

(五)打造良好科技特派员服务平台。搭建科技特派员工作站(含工作室)。各级科技管理部门要依托全省各级各类农业科技园区、乡村振兴科技创新示范基地、星创天地等平台建立500个以上的科技特派员工作站,各级科技管理部门选派科技特派员应向各级平台倾斜,以成熟平台吸纳科技特派员建站设室,为科技特派员开展科技服务提供基本条件。发挥科技特派员工作站共建共促作用。科技特派员在站服务期间,通过集成技术、成果、信息等资源,帮助所在200家星创天地等平台进行专业化升级;同时借助平台的辐射带动作用,强化对服务区域和企业的科技创新、技术转化、示范应用、技能培训等服务。加强科技特派员工作站建站支持。湖北省中央引导地方科技发展专项每年安排一定比例的

资金支持科技特派员工作站的建设;市县两级要给予相应的政策和经费保障支持,促进区域内科技特派员工作站建设和长期稳定运行。

### 三、保障措施

(一)强化保障机制。省级科技管理部门设立科技特派员专项经费,用于省级科技特派员管理、工作补贴和保险费用。市县两级科技管理部门要参照国家和省相关文件制定出台本地支持科技特派员的政策措施,加大地方财政资金支持力度,统筹用于科技特派员工作经费、项目经费、专项管理费以及科技特派员创新创业载体建设等。科技特派员派出单位要落实相关政策,确保"三不变""三挂钩"政策的执行,为科技特派员助力乡村振兴营造良好环境。科技特派员派驻单位要提供科技特派员开展科技服务的工作保障与服务环境。

(二)强化评价激励。加强科技特派员服务情况监测评价,每年省科技厅组织对科技特派员个人、科技特派员派出单位、市县两级科技管理部门和科技特派员服务项目进行综合评价和考核,对考核优秀的单位和个人进行通报表扬;强化科技特派员激励机制,对科技特派员服务任务实行项目化管理,对优秀的服务项目按照科研项目给予立项;完善考核结果运用,将各级科技特派员选派和服务情况作为重要指标纳入县域创新评价指标体系,并作为省级及以上农业科技园区和创新型县(市、区)建设的重要条件。

(三)强化宣传引导。进一步加强全省科技特派员工作宣传,积极做好"大美科技特派员"评选活动,充分利用各级各类媒体大力宣扬优秀科技特派员服务典型经验,积极营造全社会关心、关注、关爱科技特派员工作的良好氛围,构建全省万名科技特派员服务乡村振兴的良好生态,进一步激发全省广大科技人才下沉、科技下乡、服务"三农"的积极性和主动性。